業捨は空海の癒やし

法力による奇跡の治癒

保江邦夫　神原徹成

明窓出版

業捨とは？〈創始者、谷原弘倫氏著書『空海の法力で治す』〈弘倫社　絶版〉より引用〉

●業捨をすると〝業《ごう》〟が見えてくる

これはむかし母から聞いたことですが、人間は一息すると何億もの罪を作っていると。これは親鸞の言葉です。一、息する、というのは人間が呼吸するあいだ、その時間のことでしょう。二秒か三秒の間に罪を作っているのです。これを悪業《あくごう》といいます。人間は生まれおちたときから悪業をつんでいるのです。

「あの人は業《ごう》の深い人」などとむかしからいっております。自分や他人が苦労しているのを、こういう言葉で嘆いてみたり悔やんでみたりしたのです。だからもっと頑張らなければならないとか反省もいろいろしてきたのです。だが、反省しても悔やんでも、どうにもならないものはならないと気づき、それで、仕方なく業にしたがって生きてきたのです。

これまでは人が背負って生きている業の姿は見えませんでした。それが、私が業捨をすると、つまり、私の指でこすると、それが赤黒く浮き出して見えるようになったのです。しかも、もっと素晴らしいことが起こったのです。それは、悪業を取りのぞくことができるようになったのです。自分でつくった業も、他人から負わされた業も、これまで一生涯、背負って生きていかなければならなかったのですが、それが取れるのです。これは私も驚く出来事でしたし、だれもなかなか信じてはくれませんでした。

私が人差指の先端でこするだけで、そこは赤くなります。私さえも、最初は内出血ではないか、と思ったほどです。しかし、数多くの人を見ているうちに、その体表に出てきた赤黒いものこそ、まさしく人間の悪業の姿であると確信が持てるようになりました。

業捨ができるようになるまえ、私は指圧の真似ごとをして遊んでいました。四十肩とか腰が痛いとかは指圧で治るのですが、また二、三日したら痛くなる。治す、悪くなる、その繰り返しでした。やがて業捨ができるようになり、普通は三回ほどの業捨で悪業は出なくなるのを知りました。つまり、治ってしまうのです。そのように治ること、たとえば痛みがなくなることを、いろいろ考えたすえ、業捨と名づけたのです。業捨したあとは、身も心も晴々とします。血液の流れはよくなり、世間でいわれている万病は治り、生まれおちたときの清らかな姿に帰るのです。本来の自分自身の姿にもどるのです。車でいえば整備点検するのに似ています。

健康を回復し、与えられた寿命まで最高の人生を送ることになります。

なぜ業が見え、それを捨てることがいまになってできるようになったのか、それを私も考えてみました。つまり、いまの世には、病気を治してやるという西洋医学、東洋医学、拝み屋さんとか健康食品がはびこっております。実際にそれらがからだにいいかというとそうではありません。拝み屋さんで、千人のうち二人か三人が治ったというのでは、それは偶然でしかなく、治ったとはいえないでしょう。そのような整理もつかない世の中になったから、仏さんが業を見させてくれたのではないでしょうか。

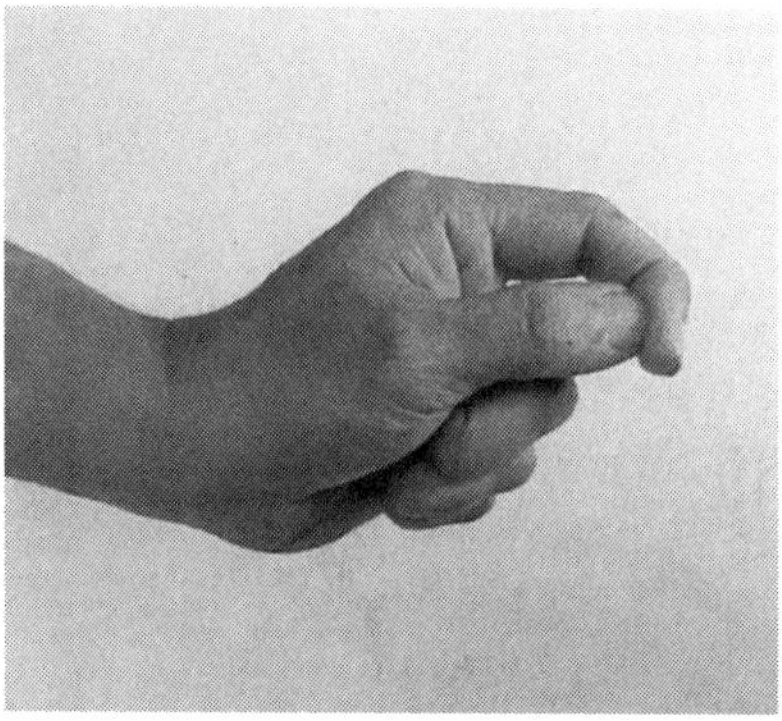

●業捨とはどうするのか

どこが悪いかによって、細かくはちがいますが、基本的には、まず腕、それから背を、人差し指のさきでこするだけです。こするときの指のかたちは、はじめのうちはいろいろとやってみましたが、しだいに写真にあるようなかたちに落ちつきました。ちょうど仏さんがしている指のかたちですね。親指は人差指をささえているだけで、こするのは人差指のさきです。爪は短くしています。爪と指の腹が半々に触れる感じです。

業捨する人は、上半身裸になり、綿シャツを着てもらいます。そして、仰向けにベッドに寝てもらえばいいのです。シャツをつけるのは、指が直接に皮膚にあたってそこを傷つけるのを避けるためです。腕や脚のときは、ストッキングをはめるのがいちばんいいようです。

仰向けになった人の胸の中心、とくに肝臓のうえからはじめます。胸と腹を大きく四つにわけて、一ヶ所ずつ集中的に指でこすります。あちこち離れてこすっても、赤くなってきません。肝臓からはじめ、心臓のうえ、そして腹は特に充分にこすります。背は右半分、左半分にわけて、上から下へこすります。脊髄のうえもやります。

業はからだ中にちらばっていますが、主として悪い部分にかたまっております。ですから、そういうところを念入りにこすります。首筋、尻、脚、頭などをこすることもあります。指でこすっては、シャツをめくって見ます。すると、悪いところほど赤黒くなります。癌などの場合は、毛穴が開いて膿が出てくることもあります。また悪臭がたちのぼってきます。死臭のようなにおいのするときもあります。業が逃げていっているにおいだと思います。

自分で自分に業捨することはできないので、私は実際の痛さを知りませんが、刃物で切られたような痛みだという人もいます。熊手で傷口を掻かれるような痛み、という人もいます。

業捨を受けるのは、行をするのと同じです。寒行といって冬の寒いさなか、滝に打たれて業を捨てようとする、それと同じことです。ただ、私の業捨の場合は、みなさんといっしょに、私も行をしているのです。私が行をしてあげて、本人が自分についてる悪業を捨てる。私が業を捨てるのではなく、私の行によって、その本人も痛みに耐え、本人の業を捨てるのです。そして、業さえ捨てれば、本来の自分にもどり、楽しく一生を送れるのです。病といわれているものから自由になれるのです。

●見知らぬ人の夢枕に立つ弘法大師と私

不思議な体験といえば、数えきれないほどあります。

昭和五十年の七月中旬のことです。六十すぎの藤原フジエさんが業捨を受けたのち、待合室の仏壇の弘法大師さまのまえで拝んでいました。

すると、突然、合わせた両手を激しく上下して叫びました。

「高野の山からこの地に来たりて、弘倫《ひろみち》の手を借りて広めたい。疑うてはならんぞ。フジエよ、おまえが治ったといっても、感謝を忘れるなよ。自分が治っても感謝を忘れるなよ。広めよ、広めよ」

それだけ叫ぶと、藤原フジエさんは、すっと横に倒れ、気を失ってしまいました。私は驚きました。藤原フジエさんは、この日にはじめて会ったのです。そのフジエさんが、私の名を、だれもが弘倫《こうりん》と読むのに、ちゃんと弘倫《ひろみち》といったのも不思議でした。

藤原フジエさんがいったことは、私が弘法大師の一従業員だということです。

大師さまが、私の手を使って業捨をなさるのです。そうでなければ、私ごとき者が、業捨できるはずがありません。業捨というのが、考えてできるようになる「技」ではないことが、私にはよくわかります。業捨中だけは、私は弘法大師の一従業員として頑張り、それが終われば、私自身の本来の生活に返していただけるのです。

不思議なことといえば、ほかにもあります。川田満さんという人は癌が三つも四つもありました。業捨を受けて治ったのですが、この人のところに、週に二度、夜に私が現れるというのです。私は、白いトレーニング・ウエアという、いつもの業捨をするときの姿。当時はサングラスをかけていましたが、肩のところに、応接間に祀ってある弘法大師さまの像が、いつもいっしょにおられるというのです。

夢枕に立った大師さまはなにもいわれず、ただ私がしゃべるのだそうです。大師さまが私を通じて、なにかを伝えるのです。あるとき、私は川田さんに電話をかけていいました。

「おい、出たろう」

「わかるんですか」

「だいたいわかる」

「なにをいうた」

すると、川田さんは電話でいえない、ということで、会って話しました。それは、お布施を預けている人が、それを勝手に私用しているというのです。私は人になにかを頼むと、まったく疑ったりしない性格です。それで驚いて調べてみると、お告げのとおりでした。

これに類したことは、ほかにも二、三あります。あと一例だけあげれば、近所の魚屋の石川さんという人がいました。肝臓癌でしたが、癌であることは本人に告げていません。その石川さんは、毎朝、下の浜辺をジョギングして市場へ行くという。馬鹿なことをするな、と注意したほどです。ある日、私のところへきました。そして、

「あんた、夜中に二へんもきた」というではありませんか。

よく聞くと、やはり弘法大師の像といっしょだったといいます。そして、腹を出せといい業捨をはじめたというのです。その痛さときたら、実際にする業捨よりはるかに痛かったそ

うです。そして最後に腹をぽんと叩いて、

「どうだ、治ったろうが」といったそうです。

その日は、十二月の金曜日でした。石川さんは、翌週の金曜日に業捨を予約していました。しかし、その日になってもこないのです。近いのになぜこないのかと思って電話すると、その日の午後、死んだというのです。つまり、業捨をすると寿命のつきる直前まで元気でいられるのです。

＊　＊　＊　＊

谷原弘倫（たにはら　ひろみち）
昭和16年1月1日　広島県呉市に生まれる。
昭和56年の秋ごろから、弘法大師の法力が自分の指先を借りて諸病を治し、業を取り去ることに気づき〝業捨〟と名づけた独特の治療法を開発する。

はじめに

「業捨《ごうしゃ》」という名称を見て、皆さんはいったいどのような印象を持たれたでしょうか？漢字で「業《ごう》」を「捨てる」と書くのだから、ひょっとして人間が溜め込んできた「業《ごう》」を捨て去ってもらえる技術ではないか……、そう思われた方はすでに、「業捨」という素晴らしい施術が現代の日本に確固として存在している事実を真摯に受け止める準備ができていらっしゃるはずです。

その「業捨」については、これから本文を読み進めていくうちに詳細を理解していただけますので、ここでは本書を世に問うことになった経緯について、簡単にお伝えしておきたいと思います。

「業捨」という奇跡的な施術自体は、最初に広島県の谷原弘倫先生が弘法大師空海の法力を授かることからこの世に出現し、その後は限られた数名の人たちによって受け継がれています。

そのほとんどが、谷原先生から、「君なら業捨ができるからやってみなさい」などと告げられたために始めたという男性です。

ところが、現在この僕が毎月通って施術をお願いしている群馬県前橋市で「業捨施術所」を開業なさっている神原徹成《かみはらてつなり》先生は、30年以上前に谷原先生から「弟子にならないか」と「業捨」の施術を強く勧められただけでなく、谷原先生が東京で開業なさっていたご自身の施術所を畳んで広島にお引きになるときに、「業捨」の魂として奉っていた弘法大師像や、法力を授かったときの証《あかし》となる不思議な写真額を託されてもいました。

それらは、現在に到るまで前橋市の「業捨施術所」における神原先生の施術を見守り続けています。

その間、口コミのみでしか知られることのない状況だったにもかかわらず、「業捨」の門を叩いた人々の列は途絶えたことがなく、多くの人が抱えていた問題が劇的に改善したのはいうまでもありません。

その意味でも、また、毎月の施術を受けての僕自身の体調改善の実績からも、僕・保江邦夫は、群馬の神原徹成先生が、「業捨」を創始した谷原弘倫先生の正統な後継者だと考えています。

このたび、明窓出版の麻生真澄社長から、ぜひとも「業捨」の存在を世に知らしめるための対談本を形にしたいとのご希望をお聞きしたとき、僕の頭に真っ先に浮かんだのはもちろん、神原徹成先生でした。

こうして、その昔に創始者・谷原弘倫先生自ら「業捨」を世に問うために出版されたご著書2冊が既に絶版となっている現状を改め、僕のように身体的にも精神的にも多くの問題を抱えて生きている皆さんにとっての希望の光となる、「業捨」の素晴らしさをご紹介する本書が実現することとなったのです。

最後まで読み進んでいただけるならば、神原徹成先生と僕・保江邦夫の間の軽快な対話の中からふんだんに溢れ出てくる「業捨」の驚異的な施術効果の実例の数々や、創始者・谷原弘倫先生の弘法大師空海への帰依の深さを示す逸話に接していただくことで、弘法大師の法力を現代に顕現した「業捨」の本質に、知らず知らずのうちに触れていただけるものと信じてやみません。

白金の寓居にて

2022年11月30日

保江邦夫

業捨は空海の癒やし　目次

第二章　体が喜び、すべてが整う

第三章　業捨はどういう生命現象作用なのか？

第四章　「『業捨』は技ではなく法力である」

あとがき

第一章　業捨との出会いで人生が変わった

矢作直樹氏に紹介された業捨

保江　本日は、よろしくお願いいたします。業捨の創始者であられる谷原弘倫先生の、唯一の後継者ともいえる神原先生とこうして対談ができるのは、望外の喜びですね。

貴重なお話をたくさんうかがえることと思います。

神原先生は、下のお名前は？

神原　徹して成ると書いて、徹成です。

保江　フルネームで神原徹成……、神様の原っぱで徹して成る。素晴らしい意味が込められたお名前です。

僕が業捨というものを初めて耳にしたときに思い出したのが、『悪女バイブル』（池田悦子原作、牧美也子作画　光文社）という漫画の主人公の名前が業子《なるこ》だったことです。生まれた背景にいろいろあって、業を背負った子として「業子」と名付けられました。

若い女性が、自分を貶《おとし》めた男に恐ろしいほどの復讐をしていくという、ものすごいストーリー展開の漫画でした。

もうお一方、同じ漢字のお名前の方が思い浮かびました。大正天皇のお母様は業子《なりこ》内親王とおっしゃいます。

ですから、年配の方々は、業を背負っているというイメージよりも高貴なお名前という印象をもたれると思います。

神原　業という文字を使われるお名前は、珍しいですね。

保江　そうですね。

そもそも、僕が業捨に初めて出会ったのが、今から14、5年前のことです。

それには、なかなかに面白いストーリーがありましたのでお聞かせしましょう。

僕は、今から20年ほど前に、大腸がんの手術をしました。その手術中にバイタルが一直線になり、心臓停止を表すピーという音が流れて、2分30秒間ほど死んでしまったのですが、聖母マリア様の御加護をいただいてなんとか無事に生還することができました。

退院してからは、生きながらえられたお礼参りもかねてフランスのルルドやポルトガルのファティマに行ったり、不思議な奇跡をいただけたりと、スピリチュアル系といえる、とんでもない体験がどんどん増えていきました。

それから6年後ぐらいに、業捨と出会うことになるのです。


僕は当時、岡山のノートルダム清心女子大学で教鞭をとっていました。

ある朝、購読紙であった朝日新聞の一面に目をやると、下のほうの欄に、書籍の広告がズラッと並んでいました。

やはり天下の朝日新聞ですから、お硬い印象の、真面目な視点から厳選したような書籍の広告しか掲載していません。

つまり、いつもはあまり興味がもてないような本ばかりに思えていたのが、その日の広告欄では、左から二番目の一番目を引きやすい場所に、『人は死なない』（バジリコ）というタイトルが載っていたのです。

「あの朝日新聞が、よくこんなとんでもないタイトルの本の広告を許したな」と思って著者名を見ると、東京大学医学部教授という肩書がついていた。

「これまた天下の東大医学部の教授とは……、矢作（やさく）直樹《なおき》という人か」と思いました。

そして、まったく聞いたことのない人にも関わらず、急に竹馬の友のように思えてきたのです。

「あいつ、頑張っているな。東大医学部の教授になって、こんなトンデモタイトルの本も出して、天下の朝日新聞に広告まで載せてもらって……」と、なぜか胸アツになりました。


大学に出勤した僕は、やさく氏に、その当時僕が出版した本を発送し、そのまま忘れていました。

一週間くらいたった頃、大学に届く僕宛てのたくさんの郵便物の中に、空色の綺麗な封筒が一つありました。差出人を確認すると、「東京大学医学部　矢作直樹」と書いてあります。

それで、献本したことを思い出しました。


通常、大学教授が他の教授に本を送ると秘書がそれを開封して、「この度は貴重な資料をお送り頂きましてありがとうございました」という定形文が書かれた礼状を、教授の名前で送ります。

封筒を見た僕は、「とおりいっぺんの返信だろうな」と思いました。

事務室で郵便物を受け取って自分の研究室に戻り、封筒を開けたときのことです。どうせワンパターンの礼状だろうと思っていたにも関わらす、折りたたまれた用紙を開く前に、涙がドドドーッと溢れ出してきて止まらないのです。嗚咽や鼻水もひどいほどで、「今、学生が入ってきたらまずいな」とか頭では冷静に考えつつ焦りを感じていましたが、幸い誰もきませんでした。

30分ほどもして、やっと涙が止まったので水道で顔を洗い、少し落ち着いて手紙を開いてみたら、なんと定型文ではなく、きちんとした手紙だったのです。

東大医学部の、しかも特に忙しいであろう救急外科の教授が、僕が勝手に送りつけた本を読んで、「○ページにこう書かれていたことは、たいへん素晴らしいと思いました」などと、詳細な感想を書いてくれていました。

僕は、「ひぇえー」と恐れ入るとともに、忙しさにかまけて挨拶文もつけず、本だけをポンと送ってしまったという非礼さに冷や汗が出る思いでした。

これはまずいと、その日の夜、家に帰ってからパソコンを立ち上げて、返事を書こうとキーボードを打とうとした瞬間のことです。あろうことか、またドドーッと涙が出てきたのです。自身でも戸惑いつつ、また少し落ち着くまで待ちました。

手紙といっても何を書けばいいかもわからなかったので、結局、ありのままの状況を書き綴りました。

「僕は一方的に本を送りつけてしまいましたが、あなたから貴重なお手紙をいただき、読む前には30分も涙が止まりませんでした。

家に帰り、こうしてお返事を打とうとすると、また涙が出てくるのです。

そもそも、僕が本をお送りした理由とは、なぜかあなたに『竹馬の友が東大教授になって頑張っている』と思えたからでした。

お返事を本当にありがとうございます」

こんな内容の手紙を郵送した3日後のことです。

夕方の授業を終えて研究室に戻ると、扉の前に半分に折られたメモ用紙がクリップで付けられていました。

教え子である女子大生がそうしてメッセージをくれることもあったので、次は誰かなと思って開いてみましたが、なんてことはない、電話交換のスタッフの方からでした。

「先ほど、東京大学医学部、ヤハギナオキ先生よりお電話がございました。お手すきのときに、お電話をおかけくださいとのことです」と書かれ、電話番号が三つ並んでいました。

「はて、ヤハギナオキとは誰だろう？」と。

刹那、閃《ひらめ》きました。

「ひょっとしてやさく先生では？　矢作はもしや、ヤハギと読むのか」と思い至ったのです。


すぐに折り返しの電話をしました。

東大医学部とある最初の固定電話番号にかけると、誰も出ません。二番目の番号にかけましたが、医局のスタッフの女性が出て、

「矢作はもう退席しております」といわれました。

最後の番号は携帯電話だったので、悪いかなと思いつつかけてみると、すぐに男性の声で

お応えがあり、

「矢作です」とおっしゃいました。

「保江邦夫と申します。いろいろありがとうございました。お電話いただいたそうで」というと、

「はい。ご本を拝読しましたが、がんから無事ご生還されたそうですね。ただ、もう6年たつようですから、少し気になりまして。

よりご安心なされるように、診てもらっていただきたい先生がいらっしゃるのですが、いかがでしょうか？」とおっしゃるのです。

一方的に自著を送りつけただけなのに、東大医学部救急外科の教授がわざわざ僕に電話をくださって、こんなにありがたいお申し出をされ、

「なんなら私がご同伴いたします」とまでいってくださっていました。もう、またしても涙が出そうでした。

「東大の教授って、こんなに優しかったのか……」と。

僕は生来、検査などは嫌いなのですが、

「ぜひお願いします」と、喜んでお受けすることにしました。矢作先生は、

「私が最も信頼している先生が、広島にいらっしゃいます」とおっしゃいます。広島大学医学部の先生なのかと思いつつ、

「広島なら僕のいる岡山から近いですから、いつでも大丈夫です」と返事をすると、

「じゃあ、私のほうで日程調整をしますね」とまとまりました。

日本医学界のトップにいる東大医学部教授が僕のがんを気遣い、しかもそのトップの先生が最も信頼しているという先生に引き合わせてくださるという、こんなラッキーなことが降ってわいたのです。

僕はもう嬉しくて嬉しくて、友達や大学の助手や、学生にも話しました。

それから2日ぐらいして、矢作先生からまた電話がかかってきました。

「岡山駅で落ち合いましょう」と、わざわざ東京から新幹線でいらしてくれるというのです。

「○月○日の、のぞみ○号、○号車○席に座っています。その座席に近い席を指定して、岡山駅から乗り込んで下さい。そうすれば初対面でもわかるでしょう」と。こんなに優しい人がいるのかと感動しきりでした。

それまで僕には、医学部教授という人は、威張りくさっていてとんでもない奴らだという偏見があったのですが、見ず知らずの、しかも「やさく直樹」としか読めていなかった僕のために、わざわざ東京から来て広島までごいっしょしてくださるなんてと、本当に頭が下がる思いで当日を迎えました。

ところが、家を出る前に、矢作先生からまた電話が入り、かなりあわてた様子で、「すみません。私が乗っている列車の前を走っている新幹線が、名古屋駅でトラブルを起こして1時間遅れなのです。ですから岡山駅に到着するのが、おそらく1時間から2時間遅れになるようです。

そうしますと広島の先生をお待たせしてしまうことになるので、メールで行き方をお送りしますから、申し訳ありませんが時間どおりに先に行っていただけませんか」と。

もちろん快諾すると、詳細を記したメールが届いたので、一人で向かいました。

「広島駅で呉線という在来線に乗りかえ、その駅で降りてタクシーに乗ります。運転手さんに、行き先について業捨か谷原先生かのどちらかをいってください。タクシーの運転手さんは、全員知っています」とメールにあったので、そのとおりに行った小さな駅にはタクシーが2、3台停まっていました。先頭のタクシーに乗り込んで「谷原先生」と伝えると、本当にそれだけで連れていってくれたのです。

着いたのは、海の岬、崖っぷちに建つボロボロのマンションです。エレベーターもありません。

神原　あのマンションですね、懐かしいな。

保江　そこの4階か5階でしたね。肩で息をしながら階段を登りました。

矢作先生のメールに、

「ドアを勝手に開けて、こんにちはといって奥まで入ってください」と書いてあったので、そのとおりドアを開けて、

「こんにちは」というと、年配の男性がひょいと顔を出して、

「ああ、聞いているよ。奥にどうぞ」といわれました。

奥のお座敷に入ると、患者と思われる三人ぐらいの男性が待っているのです。

窓からは綺麗な海が広がり、渦潮が巻いているのも見えました。

谷原氏の施術に悶絶

保江　そのお座敷の隅っこに座ってしばらくすると、患者さんと先生と思われるお二人が隣の部屋から出てこられました。先生が、

「谷原です」と名乗られ、

「矢作さんは？」と聞かれたので、

「新幹線が遅れているようで、後からおいでになるようです」と答えると、

「じゃあ、先にしておけばいいんだね」といわれました。

次の順番の人が中に入っていき、少しすると、

「痛い！　ううっ、先生、ちょっと待ってくれ」という苦しげな声が襖の向こうから聞こえてきたので驚きました。

矢作先生からは、指で軽く触るだけと聞いていたのです。それで僕はてっきり、問診の際、指で触るだけで容態がわかる名医なのだと思っていました。それなのに、隣の部屋で、「痛いっ、うあっ、やめてくれ～」と患者さんが騒いでいるので、「なんか変だな」と思い始めました。

すると、待っていたもう一人の人が声をかけてきました。

「初めてですか?」

「はい、初めてです」

「僕はしょっちゅう大阪から来ているんですよ。別に具合が悪いわけじゃないんですがね。大阪の北新地でナイトクラブをやっていまして、水商売では、お客さんや雇っている女の子の悪い業を引き受けてしまうのです。だから月に1回、こうやって先生に業を落としてもらわないと、商売がうまくいかんのんですわ」

それを聞いて、ますます訳がわからなくなってきました。

そのうち、施術が終わった人が出てきました。騒いでいた割にはさっぱりした顔をしているのです。

次に、北新地でクラブをやっているという人が、「ほな、お先」と入っていきました。しばらくして、

「先生、やっぱり痛いがな」

「お前、また女の子に手を出したんやろう」などといった会話が聞こえてきました。

「いったい、ここは何なのだ」と、頭が疑問でいっぱいです。


到着してから1時間以上経っても、矢作先生はまだいらっしゃいません。どうしようかなと思っていたところ、北新地の人が戻ってきました。

「ほな、君」と呼ばれましたが、

「いや、まだ矢作先生が来られていないので」というと、

「ええ、ええ。あいつはもうあてにならん」と。

「それでは」と中に入ると施術台があり、薄暗い部屋でした。白いTシャツを渡されたのでそれに着替えます。すると今度は、

「ズボンを降ろして」というのです。

「なぜズボンまで降ろさなきゃいけないのだろう……。まぁ、相手も男性だしいいか」と、ズボンを脱いでパンツ一丁になりました。

施術台の上に、仰向けで横になりましたが、足元で何かカサカサという音がするのです。なんだろうと思っていると、素足の指に何かが触れました。不思議に思って首を上げて見てみると、先生が僕にストッキングを履かせようとしていました。

びっくりした僕はとっさに、男にストッキングを履かせるのが趣味の変態かと思い（笑）、「先生、やめてください。履かなきゃいけないなら自分で履きますから」といったら、「だめ。男にストッキングを履けというと、みんなズボンのように履いて伝線させてしまう。男の患者のときは俺がこうやって丸めて履かせないと、いくつあっても足りないんじゃ」とおっしゃるのです。

仕方がないのでなすがままになりましたが、とんでもないところに来たなと思いました。

そんなふうに業捨が始まりました。最初は、何が起きたのかわかりません。「ぎゃー！」と叫ぶほどの痛みで、始まってすぐ、先生の腕を掴んで、

「やめてください」といいました。ところが、

「いいから黙っておけ」と。

谷原先生は、神原先生と違ってすごい強面《こわもて》ですよね。痛くてしょうがないのですが、聞く耳もたずで止めてくれません。

あまりの痛みに耐えかねて、手を休めてもらうためにもこすられたところを見せてほしいとお願いしてお腹のあたりを見てみると、皮膚が真っ赤になっていました。

「勘弁してくれ……」と思うのですが容赦ない施術は続き、ますます痛みは増して七転八倒です。本当に地獄の1時間でした。

やっと終わるかという頃にふと感じたのですが、不思議なことに先生の指が離れたら心地よさがすごいのです。しかし、またこすられると激痛が走ります。

そのくらいのタイミングにやっと、

「こんにちは、矢作です」という声が聞こえてきました。

正直、「くそー、今頃になって」と思いましたね。

「こんなに痛いと聞いていたら、ここには来てなかったよ」と。

結局、矢作先生が待合室に入られた頃に僕の施術は終わりました。出ていくと矢作先生が、「もう終わってしまったのですか」と。

それが、矢作先生との初対面でした。

しかし、あまりにも痛い施術の直後だったので、意気消沈していた僕には、感激の対面とはなりませんでした。

矢作先生は、せっかくいらしたのに施術を受けないのですよ。

神原　わざわざ東京からいらしたのに。

保江　つまり、僕を紹介するためだけに東京から来たのです。
新幹線が間に合わないということになった時点で、大阪から戻られてもよさそうなものでしたが、それでも来てくれたのです。

東大病院の医師のかなり多くが、密かに治療に行っていた

保江　そこからしばらく、矢作先生が業捨についての話をしてくれました。

彼は、南アルプスで滑落して、肩を複雑骨折してしまいました。

その骨折によって指先がきちんと動かなくなったのですが、それは外科医として致命傷ともいえるほどの大問題です。手が震えるようになってしまい、リハビリもなかなかうまくいかなかったそうです。

回復の手立てがなかなか見つからないときに、たまたま東大医学部の先輩が、谷原先生を紹介してくれました。

当時、谷原先生は東京でも施術をなさっていて、東大病院の医師のかなりの数の方が、密かに治療に行っていたのだそうです。

谷原先生にお世話になった先輩たちが、

「あそこに行ったら何とかなるぞ」と教えてくれたといいます。

そして、矢作先生は初めて業捨を受けたそうですが、

「複雑骨折で骨の破片が筋肉の間にはまり込んでしまい、それが神経を刺激して不具合を起こしていたのが、業捨を受けるとその破片が勝手に正常な位置に戻ったようです。鎖骨などの骨から肩の筋肉まで整えられて神経を触らなくなったので、以前のように指が精密な動きをするようになりました。痛みもなくなったのですね。ただ、業捨の施術は痛かったですね」とのことでした。

それ以来、矢作先生は、ご自分が診ても治せない難病の患者さんに、業捨を紹介しているのだそうです。

谷原先生が東京にいらっしゃったときは近かったのですが、施術場所が広島だけになってからも、広島にわざわざお連れすることも多いという。それで、僕のときもいらしてくれたのですね。

しかし、耐えかねるほどの痛みを味わっていた僕は、もう二度と行くものかと思いました。

ところが、この話を知り合いにすると、行ってみたいという人が何人も現れてくるのです。それで、仕方ないという気持ちで谷原先生のところへ連れていくのですが、

「お前もやっていけ」といわれ、また受けることになりました。

またしても痛い思いをしつつ、結果的に、その頃から2ヶ月くらいに一度、定期的に通うようなかたちになりました。

これが、僕が業捨、そして創始者の谷原先生と出会った頃の話です。

谷原氏と業捨との出会い

保江　谷原先生が東京で開業していらっしゃった頃に、神原先生のお父さんが患者として通っていらしたそうですね。

そのあたりの話をお聞かせいただけますか?

神原　わかりました。

私の父は、本人が子供の頃から肝炎を患っていました。常に肝臓が悪く、私が生まれてからも頻繁に入院をしていたくらいです。

いろいろな治療を受けましたが、お医者さんに行ってもいっこうに良くなりません。私が幼少の頃から、

「俺はあと2、3年だ」といいながら生活していたのです。

父が40歳ぐらいのあるときのことです。

当時、映画を録画したい場合はベータのビデオテープを使用していたのですが、その頃のシステムでは、いったん録画ボタンを押すと、ビデオテープの最後まで録画されてしまったのです。何時から何時までという予約録画ができなかったのですね。

録画をしたお目当ての映画を観た後に、たまたま谷原先生が取材を受けた番組が映し出されました。

もちろん、業捨を紹介していたのですが、父は非常に興味をもち、ぜひ試してみたいといい出しました。電話番号もテロップで流れたのですぐに電話をしてみたのですが、すでに半年先まで予約が埋まっているといわれました。

谷原先生が熱海にも出張されている頃でしたので、気が短い父は、予約なしで直接行ってしまったのです。

保江　突然にですか？

神原　そうです。アポなしでやってきた父を見た谷原先生は、「待っていればやってやる」といってくださって、父はその日に、施術を受けることができました。

そのときの私は中学2年生でしたが、帰宅した父が服を脱いだら、体が真っ赤だったことを鮮明に覚えています。

「何をしてきたの？」と聞くと、

「業捨というものを受けてきたんだ」というのです。

子供ながらに、あの真っ赤な業捨の跡は、ショックすぎるぐらいでした。

「お前もやるか」と父にいわれましたが、

「痛そうだし、そんな色になるのだったらやりたくありません」と断りました。

しかし、業捨の回数を重ねるごとに、父親が元気になっていくのがわかったのです。

肝臓が悪いせいで夏場はいつもぐったりしていたのですが、その夏は平気のようでした。
他にもゴルフを始めたりと、健康的になっていきました。
正直、業捨で元気になるということが理解できなかったので、
「思い込み効果にちがいない。それでも良くなっているんだからいいや」というくらいの感覚でした。

父は、それから1年ぐらい熱海で施術してもらっていましたが、谷原先生が新宿に移ってからも、やはり2、3ヶ月に1回ていどの施術をずっと続けていました。

さて、私が谷原先生に施術をしてもらうきっかけとなったのは、空手の大会に出た際に、膝蹴りで睾丸を割られたからなのです。

保江　学生だった頃ですか?

神原　社会人1年生でした。

保江　社会に出てからなのですね。

神原　勤めてから1ヶ月くらいした頃に開かれた大会だったのですが、即入院、即手術でした。歩くときに……これ、男性ならわかると思いますが、袋が下着とこすれると、手術で切った箇所が非常に痛むのです。

私は金融機関の営業職として働いていたのでバイクに乗っていたのですが、バイクだと振動が伝わって痛むので、1か月ぐらい自分の車を使わせてもらっていました。

しかし、なかなか治らないのを見かねた父が、

「お前、痛いままじゃ仕事にならないだろう。業捨に行ってみるか」と勧めてくれました。

「ただし、谷原先生は厳しい方なので、痛いとかいって暴れたりしたらそこで終了だ。絶対に我慢しろ」と。

今後の生活に関わるのだから我慢すると約束し、新宿の治療院まで連れていってもらいました。着いてみると、父は谷原先生とすごく仲良くなっていて、

「あんたが息子か。じゃあ入れ」とスムーズに案内してもらえました。控室でシャツに着替えて、父から聞いていたストッキングが用意してあったので、父にいわれたとおり勝手に履いてしまいました。

保江　伝線させなかったのですか？

神原　はい、慎重に履いたので大丈夫でした。

父に、「ちゃんと正座して待っていろ」といわれたので、ベッドの上で緊張しながら、正座の姿勢で待っていました。

先生が入ってきたときに、「よろしくお願いします」と頭を下げると、谷原先生はあんなにいかつい方なのにわざわざ膝をついて座ってくださり、「ありがとうございます」とお返事されました。

そんな挨拶をして、緊張の中で始まりましたが、こすり始めの数回は「こんなものかな」と思っていたのに、4回5回とこすった頃に激痛が走りました。生涯で初めての痛みですよね。

私の場合は睾丸だったせいもありますが、元々胃腸が弱いのも手伝って下腹部がとても痛くなるのです。

けれども、施術後には、患部の痛みもまったくなくなりました。谷原先生が、「立って、（空手の）蹴りを出してみろ」といわれるので、「ズボンと患部がすれないようにガニ股で来たくらいなのに、何をいうんだろう……」と思いながらも、恐る恐るやってみたところ、ぜんぜん痛くありません。

少しずつ素早くしていったのですが、以前と同じようにできていました。

それで、もう大丈夫だろうということになったのです。

保江　1回で治ってしまったのですか？

神原　1回で痛みは止まったのですが、数ヶ月間は週一で来なさいという感じでした。

保江　ちなみに、睾丸もやったのですか？

神原　睾丸自体はやりませんでした。

保江　それでも治せるのですね。

神原　はい。内腿や周辺はやりましたが。

保江　なるほど……。

神原　ちなみに、私の施術所に来られた方で、性病の懸念があるとのことで、「睾丸もやってもらえるんですか？」と聞かれたので、「やったことないけれどもやってもいいよ」と承諾しましたが、1回こすっただけでジャンプされて終わりました（笑）。おそらく、無理ですね。

保江　そうでしたか。

神原　それからもずっと、谷原先生の下に通うようになったのですが、最初のうちは週に1回、電車で新宿まで通っていました。数ヶ月すると、「もういいよ」といわれたのですが、父はずっと通っていたので運転手がてら治療院に行き、ついでに施術していただいていたのです。

「この手はできる手」といわれて業捨を継承することに

神原　そのうち、谷原先生が50歳を超えたぐらいのときに、「あんた、弟子にならんか」と急にいわれました。

保江　治療に行き始めてから、どのくらい経った頃ですか？

神原　2年ぐらいですね。

しかし、私にはそんな自信がなかったのでお断りしたのです。

ただ、父が、自分も治してもらってお前も治ったのだし、他の人のためになるのだからできるかぎりやりなさい、と勧めてきたのですね。父に押されてやる羽目になったというのが、本当のところなのです。


できないとお断りしたときに谷原先生に指先を見られて、

「この手はできる手だ」といわれたのですが、なぜなのかはわかりません。父に、

「俺の体でやってみろ」といわれて試しにこすってみたら、赤い色が出ました。

父には、

「痛さの質が、谷原先生とちょっと違う」といわれましたが、そんなわけで父と私で、

「やれるということなら、お願いします」と頭を下げるかたちになりました。

当時25、6歳だったので、「30歳前だし、もし業捨を生業《なりわい》にできなくても再就職できるだろう」というくらいの軽い気持ちで始めたのです。

すると意外に紹介が増えてきまして、おかげさまで今日まで続けられています。

保江　それがすごいことですよね。業捨を施術する側になられてから、谷原先生からの具体的なご教示はあったのですか？

神原　一度だけ、新宿の院で、父の体の半分を私が、もう半分を谷原先生がこするというかたちで教わりました。
「こうして、こうやるんじゃ」といわれながら、見よう見まねで試して、「こうですか？」と聞いてみても、「教え方がわからんのじゃよ」といわれまして……。

保江　例えば、そのとき、頭の中でこう思えとか、あるいはお経を唱えろとか、そういう教えはないのでしょう？

神原　ないですね。

保江　要するに、メソッドなどは何もなく、

「お前はできるんじゃ」と認められた人はなぜかできるというものなのです。あとは、自分でやっているうちにどんどんわかってくる、身に付いてくるという……。

神原　「数をこなせ」といわれました。

保江　そうでしょうね。先ほどの谷原先生出演のテレビ番組を観たというお話で思い出したのですが、谷原先生は二度ほど、テレビに出ていらっしゃいますよね。

神原　そうですね。

保江　聞いた話なのですが、その番組を制作したディレクターが、どういうわけか谷原先生に誘われたのだそうです。「お前なら業捨ができるかもしれない。四人に教えてやるからあと三人集めろ」と。興味を持ったそのディレクターは、いわれたとおりに三人を集めると、谷原先生とどこかの温泉旅館に1週間ほど泊まることになりました。

四人は、ここで業捨を教えてもらえると期待していたそうなのですが、最初の日は、「よし、歓迎会だ」とかでわーっと騒いで、次の日も昼から飲んでわーっと盛り上がってと……。

いったいいつ教えてくれるのかなと思ったのですが、「教える」の「お」の字もなかったそうです。三日目、四日目も飲みつづけ……結局1週間、温泉宿で延々と宴会でした。そして、「じゃあな」と帰っていかれたという。

四人は、「詐欺だったのでは……」と思いながら帰ったそうですよ。

ところがその後、なんと四人全員が、業捨をできるようになっていたというのです。

その内の一人が今、実際に京都府の宇治で業捨をやっています。

あとの三人は特にしていないそうですが、そのディレクターや宇治の人の話によると、業捨というのはこうするものだといって具体的に教わるものではなく、谷原先生と一緒にいると移ってくるものなのだそうです。

神原先生のように、谷原先生から、

「お前ならできる、手を見ていたらわかる」といわれるような人には特に、移りやすいということです。

そういう人は谷原先生の施術を1、2回受けるだけでできるようになったり、治療を受けなくても一緒にいるだけでできるようになったりするのです。

「小の虫を殺し、大の虫を生かし給え」と祈る弘法大師のお使いの老婆

保江　僕が谷原先生の院に3年ぐらい通っていた頃、本当にさまざまな人を連れて行きましたが、その時々に谷原先生が昔話をしてくださるのです。僕が、

「初めて先生が業捨をできるようになったときは、どんな状況だったんですか?」

と聞いたら、谷原先生は以前、船大工だったそうです。昔から日本に伝わる、木で作る木製の船の大工さんですね。

ある日、仕事が終わって、夕方から馴染みの店で友達と酒を飲んでいたところ、その友達が、「俺は早めに帰るわ」と席を立ったそうです。それを寂しく思った谷原先生が、「おい、そんなことといわずにもうちょっと付き合えよ」といって、シャツの上から背中をスッと軽く撫でたとたん、その友達がぎゃーと叫んだのだといいます。

その人はその日、調子が悪くて腰か背中が痛かったので早めに帰ろうとしていたのですが、その痛い部分を谷原先生が軽く触っただけで、叫ぶほどの痛みがあったのだとか。

その友達は、

「何をするんだ」と怒って帰ってしまったのですが、谷原先生は、

「何で軽く触っただけであんなに痛がるのかな」と不思議に思っていました。

しばらくすると、その人が戻ってきて、

「お前、何したんだ」と。

家に帰ってきた彼の背中を見た家族に、

「このミミズ腫れは何？　赤くただれているじゃない。よっぽどひどくひっかかれたんでしょう」といわれ、痛みに対しても怒っていたその人は、

「見ろ」といって背中を見せてきました。

「俺はひっかいたりしてないよ、軽く触っただけじゃ」といって、

「この程度だよ」ともう1回、背中をシュッとこするとまた、

「ぎゃー！」と悲鳴を上げて、ますます怒って帰っていってしまいました。

ところが翌日、その人から、

「痛かったところがすっかり治ったよ」といわれて、谷原先生は初めて、ご自身の能力に気がついたのだそうです。


布の上から指で触るだけで、激痛が走ってミミズ腫れのように見えることにはなるが、具合が悪いところが治ってしまうと。

神原　もともとは、谷原先生が痔だったのです。
高校生の頃だったそうですが、和歌山に痔を治すおばあさんがいらしたそうで。

保江　それ、僕も聞きました。

神原　谷原先生のご著書の『悪業を抜き病を治す！　業捨』（すばる書房）の中には、そのときのことが書かれています。

少し引用しますね。

＊＊＊＊＊

持病や皮膚病は体毒を流し出す道

肝臓や腎臓が弱ってきますと、体毒を排出する機能が低下します。しかし、体毒は放っておけばますます、身体を侵し続け、病状は悪化するだけです。そこで、身体は、それにかわって、体毒を体外に排出する別の道を自然と探します。そして、体毒を肛門から排出しようというのが痔であり、皮膚から排出しようとするのが、皮膚病なのです。

ですから、痔病や皮膚病は第二の肝臓、腎臓なのです。それは、体毒を外に排出し身体と命を守っているのです。

痒いところは掻いていいのです。掻けば皮膚が破れ、血が出てきます。しかし、これは血ではなく、肝臓の臓器で排出できなかった毒素なのです。事実滲み出てくる液の匂いを嗅いでみると、血の匂いではなく金属の匂いがします。

痔も同じです。肛門から出血するのは、女性の生理と同じで、血液の割合よりも、体毒の割合が高いのです。

もし、薬か何かで、皮膚病や痔病を封じ込めてしまうと、体毒はまた別の排け口を求めて暴れるでしょう。どこかに排出しなければ、その人は死んでしまうからです。

私も十七才のとき、痔を患い、医者では治らず、人伝えに聞いた弘法大師のお使いだという、和歌山の老婆のところへ行きました。その老婆は、何十匹という、みみずを束にして酢漬けの布でくるくる巻きました。みみずの首のところは、布の外に揃って出ています。みみずは、酢に漬されて、水分をどんどんとられるのでしょうか。そのみみずを、患者の肛門に当てると、夢中で肛門の患部に吸いつき、毒素を吸い取るのです。その治療で私の痔はすっかり治ってしまいました。薬によって毒素を封じ込めたのではなく、みみずに、毒素を吸わせて、体外に排出したからです。治療が終って、布を解きましたら、体毒を吸いきったみみずは、棒のようにバリバリになって死んでしまいました。老婆が治療の最中「小の虫を殺し、大の虫を生かし給え」と弘法大師に祈っていたのを今もはっきりと覚えています。

業捨は、毒素を吸いとるのではなく、血行を良くし、血液の流れで体毒を洗い流すのですから、はるかに合理的で、効果もそれだけあるのです。

＊＊＊＊

また、『空海の法力で治す』にも、そのときのことが書かれています。

＊＊＊＊

お婆さんの祈った「小の虫」はミミズ、「大の虫」は私のことだったのです。その治療が終わったあとです。お婆さんはこういったのです。いまでもはっきりと覚えています。

「私は肛門しか治せないが、あなたは弘法大師の使いじゃ。あなたならどんな病気も治せるようになるから、世の中の人のために尽くしてください。あなたはそれだけの使命をもった人です」

＊＊＊＊＊

このように、「私は痔しか治せないけれども、あなたは弘法大師の力で何でも治せるようになるから頑張りなさいよ」といわれたのが、初めだったのです。

ただ、しばらくはそれを忘れたまま、船大工をされていたのですね。

保江　ミミズで痔を治すというのも怖いですよね。

ヒルの療法とかもあるそうですが、そんな感じなのでしょうか。

神原　肛門に当てていると、ミミズがパリパリに乾燥したとあります。

おそらく、浸透圧か何かの関係で、もしかしたらエキスが肛門のほうに行ったのかもしれませんがパリパリになるそうです。そのミミズのエキスか何かわかりませんが、その施術で痔がそれきり治ってしまったそうです。

保江　岡山大学医学部の研究で、傷口をウジ虫で治すというのがありました。

神原　ウジ虫は腐った肉しか食べないらしいので傷以外は残りますし、ウジ虫療法はいいと聞きますね。

保江　本当に効果が高いので岡山にベンチャー企業まで立ち上げて、これで岡大の医学部も業績が上がるぞ、と喜んでいたのです。

けれども、国の保険点数の対象にするのが難しく、結局はうやむやになってしまいましたね。

薬を出したほうが保険点数になるなんて、日本の医療界はおかしいですよ。

谷原先生は、和歌山のおばあちゃんにいわれて、弘法大師のお力で不思議な治療法を知り、人々を救えるということに気づかれたのですね。

それからはずっと一人でなさっていましたが、そうやってテレビのディレクターや神原青年に後継を託されて。

神原　はい。

保江　そのようにご縁のあった人が後を継いでいくというかたちになったようですね。

第二章　体が喜び、すべてが整う

業捨が本物だと確信したこととは？

保江　僕は一時期、さまざまな整体療法や気功療法を研究していたことがありまして、できれば自分もそういうことができるようになりたいなと思っていたのです。

特別な技を持っている先生のところには、たいてい行っています。

しかし、劇的に治るというのは、業捨の谷原先生だけでした。僕が紹介した人たちは、痛みを耐えしのんで治療が終わったときに、全員が劇的に治ったのです。

みんな元気になって、喜んで帰っていきました。

神原　保江先生が初めて行かれたときは、体のどこかが悪いという自覚はあったのですか？

保江　まったくありませんでした。矢作先生が、

「ルルドやファティマに行かれてマリア様の御加護を得ていても、もう6年経っているのですから、一度、きちんとした先生に診てもらったほうがいいですよ」というので、東大医学部の立派な先生がいうのだからと素直に行ってみただけでした。そうしたら、とんでもな

い施術をされたのです。

そのときに一つだけ、谷原先生の業捨は本物だと確信したことがありました。

神原先生の睾丸が割れたお話に比べればたいしたことはないのですが、その頃、脇の下に、イボのような出来物があったのです。それが、日に日にだんだんと大きくなっていきました。最初は別に、痛くもなんともなかったのですが、あるときから血管が浮き出るようになったのです。触れたら痛みを感じて、そのうちに腕を動かすだけでも痛むようになっていました。膨らみの中に、神経が入っていったのですね。

さすがになんとかしようという気になってきまして、知り合いの皮膚科のお医者さんに聞いてみました。患部は見せていないのですが、

「今、脇の下にこんな状態の出来物があるんだけれど」というと、

「それは神経を巻き込み始めているので、放っておくと皮膚がんに成長する可能性があります。普通なら、液体窒素で凍らせて取ります。その気になったら、いつでもいってください」とアドバイスしてくれていたのです。

しかし、液体窒素で脇の下を凍らせるなんて、それも怖いなと思って放っておいたのです

が、日に日にもっと痛くなり、ちょっと動かすだけで痛むようになりました。

矢作先生に誘われて、初めて業捨の谷原先生の院に行ったのが、ちょうどそんな時期でした。脇の下のことは一言も、谷原先生にはいっていません。

施術が終わって岡山に帰る電車の中で、ふと気がついてみると、脇がまったく痛まないのです。

腕を上げて脇の下を見ると、イボみたいになっていたところがまん丸くなり、その中に神経や血管が見えていたのが見えなくなっていました。赤い液体が均一に入った、まん丸い血豆みたいな感じになっていたのです。触ってみると、痛くありませんでした。

その夜、お風呂に入ってまた恐る恐る見てみると、それが昼間より小さくなっているのです。さらに次の日の朝に見ると、驚くことにもうなくなっていました。完全に元に戻っているのです。

パジャマに血はついていなかったので、破れたわけではありません。

このことを、先述の皮膚科のお医者さんに話したところ、

「いや、そんなことはあり得ないから、あんまり口外しないほうがいいですよ」といわれ

ました。

その後、矢作直樹先生にお礼の電話を入れたときに、そのことを話しました。すると、「ああ、それは皮膚がんの卵で、新生物といって、イボみたいなところに血管と神経が行き始めて独立した組織になるのです。谷原先生の業捨で、皮膚がんがなくなるというのを目撃できたのはよかったですね」とおっしゃるのです。

業捨によって、皮膚がんが1日くらいでどんどん小さくなっていくという奇跡的な体験ができたのです。そうすると、もし大腸がんが再発しても、谷原先生に業捨を受けたらなんとかなると思えて安心できました。

僕にとっては、この脇の下のイボが消えたということが、業捨に対する信頼をものすごく高めるきっかけとなったのです。これがなかったら痛いだけで、なにか良い影響があったのかどうかがわからなかったかもしれません。本当に、ラッキーだったと思います。

業捨で運気が上がった体験談

保江　こうして、その後は難病の人と関わったら、すぐに谷原先生の院に連れていくようになりました。

院までの道のりはけっこう大変で、岡山からでも車で片道3時間はかかります。

1回目は新幹線とローカル線を乗り継いで行きましたが、それも面倒だったので、2回目からは車で行っていました。渋滞もしますし、往復で6時間もかかるのですが、業捨を受けているといろいろと面白いことも起きますし、おっくうではありませんでした。

あるときは、谷原先生の院から広島空港まで、僕が東京からお呼びした患者さんを車で送り届けることになりました。院から空港までは、通常、1時間半はかかります。

谷原先生はその方の施術が終わると、

「まあ、一杯飲んでけ」とか、

「寿司でも食え」といって、どんどん出してくださるのです。

話も弾んで、気がついたら飛行機の時間まで、あと45分しかありません。

「しまった！」と思いましたが、なぜか45分で行けるという確信があったのです。「先生、そろそろ飛行機がやばいから行きますわ」といって、その患者さんを乗せて空港へ向かいました。しかし渋滞もあり、フライト時刻には間に合わずに、結局、出発時間の30分後に到着したのです。羽田までの最終便でした。

「まあとにかく、行ってみますか」とチケットカウンターに着くと、東京からの便が遅れて到着したために、出発便にも遅れが出ていて、まもなく出発だというのです。

今、まさにゲートのドアが閉まろうとしているそのときにチケットカウンターに着き、スタッフの方が連絡してくれて搭乗口まで走っていき、無事に乗ることができました。

その話を、次にうかがった折に谷原先生にすると、

「そうじゃろう。わしは何も心配せんかったぞ。業捨を受けた後は身体が良くなるだけじゃなくて運気も上がるから、よくそんなことが起きるんじゃ」と。

以前来た患者さんは、業捨が終わってからビールやウイスキーを飲んで、車を運転して帰ったそうです。酔っ払って蛇行運転をしていたため、広島県警のパトカーに気づかれて、すぐに停止命令が出されました。アルコールの匂いがプンプンしていたため、風船を膨らますア

ルコールチェックをされたのですが、なんと、アルコールの数値がゼロ。いくらアルコール臭を出していても、数値がゼロでは検挙はできません。つまり、飲酒運転にはならないのです。警察官は仕方なく、「気をつけて運転してください」とだけいって、無罪放免になりました。

神原　そういう話はいくつもありますね。施術している私がいうと胡散臭くなるので、なかなか人にいうことはありませんが。

私にもそんな経験があります。父親と、群馬から広島まで施術を受けに行っていましたが、相当な距離があるので、交代しながら運転をしていたのです。

業捨を受けた後、帰路の運転は私がしていて、速度が時速１４０キロを超えたぐらいのときにネズミ捕りをやっているのがわかりました。

「あちゃー、やっちゃったな」と思ったのですが、止められることはありませんでした。

保江　なぜでしょうね。

神原　業捨が終わった後だからのようです。「お前、捕まるぞ」と横にいた父にいわれて、「まいったな。点数が減っちゃうな」と思いましたが、旗振りも出てこないし、後ろから追いかけられることもありませんでした。それで、捕まらない速度に落としながらスーッと進みました。

保江　業捨の後は、そんなことが起きるのですね。

神原　あんまりいうと、変にスピリチュアルがかった嘘みたいになってしまうので(笑)、私からはめったにいいません。人からの報告はよく聞きますけれどね。

保江　他にはどんな話がありましたか？

神原　うちで業捨を受けた人の家族の体調がすごく良くなった、というのがありましたね。

保江　その家族は業捨を受けていないのに、でしょう？

神原　そうです。家族の運気も引き上がっているのかもしれないですね。
谷原先生は、乳幼児が具合が悪かった場合は、「親のあなたが受けなさい」ということもありました。

保江　家族の場合、業を共有していることもありそうですよね。

体が喜び、すべてが整う

保江　谷原先生は、瀬戸内海の綺麗な景色が見える、岬にある古いマンションで施術していらっしゃいました。先生に、

「ここに住まわれているんですか？　古いけれど、ものすごく眺望のいい場所ですよね」

とうかがってみると、

「こんなところに俺が住めるもんか」とおっしゃるのです。

「なぜですか？　こんなに景色がいいのに」と聞くと、

「施術でたくさんの業を落としていると、その落とされた業の禍々《まがまが》しさが、それはすごいんだよ。そんなところに住むわけがないだろう」と。


そして、谷原先生は土日しか施術をなさっていなかったので、

「他の日は、何をなさっているんですか？」と聞くと、

「近所にお寺を建てたり、神社仏閣やいろいろな場所に行って自分についてしまったさまざまな霊や業を落とす。つまり、禊《みそぎ》をしなければならない。月曜から金曜の五日間で祓わないといけないのだ。それで土日に、みんなのを引き受けることができる」と。

先生は、単に体を良くするだけではなく、霊的な障害も落とすので、それをかぶったり、または部屋にとりつかせて、悪さをしないようにお祓いをするとおっしゃっていました。かなり総合的なことをなさっているのですね。

患者さんの具合の悪さの原因がその方の家にある場合には、体への施術によって、特に霊障などを間接的に修復できるのではないでしょうか。

ですから、業捨とは霊的な治療なのです。おそらく、神原先生はそういう表現は好まない

と思いますが……。

施術をした箇所が赤くなったり、具合が悪かったところを快癒させるといった生理学的、医学的な現象も起きますが、背後に動いているのは、何か霊的なもののような気がするのです。

だから運気も良くなるし、ネズミ捕りにも引っかからないという。

神原　整うからだと思います。

保江　あと、ものが美味しくなりますね。電車で行ったときだけですが、お酒も飲ませていただきました。

先生とお酒を一緒に飲みたいから、施術も最後の順番になるようにわざと遅めに行ったものです。業捨の直後は、食べ物もお酒も格段と美味しくなります。あれは、体が喜んでいるのでしょう。

それは、今でもそうです。もう僕は東京に住んでいますから、広島は遠すぎますし、谷原先生も今はもう業捨をなさっていません。

お弟子さんとして受け継いだ神原先生がいらっしゃる群馬県の前橋は、東京から関越道を車で走って2時間半で行けます。月に1回の往復も、なんの苦にもなりません。

施術の後は、本当に体が喜んでいて、片道2時間半がとても楽しいのです。

普通だったらしんどいなと思うところなのですが、行きも帰りも楽しい。特に帰りは施術後ですから、もっと楽しいのです。

それから、谷原先生の広島の院の場所もそうでしたが、群馬の神原先生の施術所の場所もやはり良いのです。

僕の東京の事務所に時々来てくださって縁者に施術をしていただいて、僕も一、二度受けたことがありますが、群馬の施術所でやっていただくほうが、痛みの落ち着き度合いが違うと感じるのですよ。

群馬の施術所は、何年やっているのですか？

神原　もう26年目です。

保江　26年間、ずっとそこで業捨をやり続けた……、その場所に行くと、痛みが滲み通っているのです。同じ指の動きを同じ箇所にされても、なにか違う……滲み通った痛みなのですね。
　僕の事務所のような、施術を始められてから半年ぐらいしか経っていない日の浅い場所だと、痛みが何かこう、奥行きがないというか……。

「聖人みかへりばし」に現れた上人様と施術の指

神原　谷原先生にいわれたのが、「弘法大師を必ず祀れ」ということです。

　前橋の施術所でも、弘法大師をちゃんと祀ってあります。そういう空間の違いもあるかもしれませんね。

　こちら（東京）に来るときは、出張用に五鈷杵《ごこしょ》を持ってきています。分身として五鈷杵を置いてあるのですが、本体とはやはり違いがありますよね。

保江　谷原先生が新宿で施術なさっていた頃には、上人様が写った写真が額に入って飾られていましたよね。

神原　聖人見返り橋に現れたという話ですよね。谷原先生のご著書『業捨　悪行を抜き病を治す』には、次のように書かれています。

（編集注：表カバーの折返し部分の写真をご参照ください）

＊＊＊＊

写真を見てください。橋があり、そのこちら岸に、「聖人みかへりばし」と書いてある写真です。

この写真が私の手もとに舞いこんだのは、業捨ができるようになった昭和五十六年の翌年のことです。

広島の仁方の私の家まで四十分ぐらい、二十五キロほど離れたところに住むじいさんとばあさんが、膝が痛いといって業捨を受けにきていました。その人たちが、「見てくれ。うちの宝の写真です」といって持ってきたのがこの写真でした。

「なんで宝か」

「ほら見てくれ。ここに人影が立ってる」

よく見ると、橋を渡って右手奥に延びる道に人影が立っています。

「これはだれか」と聞きました。

「わからん」

「場所はどこか」

「わからん」

というばあさんの返事でした。

そこで私はその写真のコピーをとり、拡大してみました。人形《ひとがた》がはっきりとわかります。

珍しい写真なので、私は人にあげようと思い、コピーを何枚かつくりました。

隣町に清水という人がいました。その人の父親が肝臓癌で、業捨を受けにきていました。もう末期でどうしようもありませんでしたが、業捨で痛みだけはとれるのです。その父親が成仏して四十九日のことです。忘れもしない昭和五十八年の一月十三日に、鍋をもってきてくれました。それでお返しに、「この写真をやるわ」といいました。

清水という人は、ぱっと写真を見ていいました。

「先生の手がここにある！」

「馬鹿いえ。そんなもんがあるはずがないわ」

といいました。それが、手に気づいたきっかけでした。それまで四ヶ月というもの、私は何度となくこの写真を見ていながら、橋のこちら岸、「みかへりばし」と書かれた石碑の左下にあるのが、私の指とは気づかなかったのです。肉片のようなもの紙袋のようなものが転がっているとしか思っていなかったのです。

よく見てください。写真の左下のすみにあるのは、私が業捨するときの指のかたちとそっくりではありませんか。偶然に、私のところに舞いこんできた一枚の写真に、私の指が写っていたのです。

＊＊＊＊

その写真は今、私の施術所にあります。谷原先生が東京の院を閉じるときに、

「これ、いい写真だから持っていきなさい」と、譲ってくださったのです。
上人さんが写っていて、この橋の手前になぜか手が写っているのですよ。業捨の指の形です。ここは泥の道なのですが、よく見ると髑髏《どくろ》、頭蓋骨にも見えます。

保江　本当ですね。意味深い写真です。

実録：胃がんを患うノーベル賞級の物理学者が元気になった

保江　僕は、縁者で体の具合が悪い方をたくさんお連れしましたが、皆さん、「こんなにも？」というくらいに良くなるのです。
その中でも、僕自身が目撃したり、本人から聞いた話の中に、生物学的、生理学的というより、かなりスピリチュアル的にといいますか、霊的に変化があったということを確信したことが何回もありました。

例えば、矢作直樹先生のお話です。

彼は東大医学部に所属していましたが、自分が担当して治せなかった、もしくは治すのが無理だと思った人を業捨に連れていっています。

現代医学では治せない人ばかりだったそうですが、その「治った」というのはどういう意味だろうかと、あるとき、冷静になって考えたのだそうです。

その頃、循環器系の心臓が肥大する難病で、もうこれ以上の治療法がないという症例がありました。

その患者を広島の谷原先生のところで施術していただくと、当然、心臓のあたりが激しく痛んだのですが、その結果、治ってしまいました。

この場合の「治る」という意味は、本人がとても弱って、もう何もできないといっていたくらいだったのがピンピンして仕事に復帰でき、通常の社会生活に戻れたということです。

ところが、その後も定期的に検査すると、心臓の肥大は治っているどころかもっと大きくなっていた……、それにも関わらず、本人はいたって元気なのです。

つまり、解剖学的、生理学的な所見から考えると治ってはいないのに、患者さん自身はもう治った気になっていて、何の心配もしていない。

いったい、これは何なのでしょうね。こういった方は多いそうなのです。

僕の脇のおできのようにすっかりなくなったという例もありますが、医学的には治っていない……、病状としては悪化しているにも関わらず、本人の自覚では完全に治っているという事例が確かにあるのです。

そういう例を見ると、本当に何をもって治ったといえるのだろうかと、矢作先生は自問されていたのですね。

そんな疑問を谷原先生にぶつけると、

「あはは（笑）、そんなものだよ」と事もなげにおっしゃったそうです。


また、僕が連れていった、物理学者の例もありました。

ノーベル賞の候補者として毎年、下馬評に上がる方で、ノーベル物理学賞の発表前には、実際に記者会見の会場が設定されるという、すごい物理学者なのです。

僕も同じ分野ですから、親しくさせていただいていました。

あるとき、僕が勤務していた大学に、その方の秘書さんから突然、電話が入りました。

内容は、その方の研究室に出向いて、説得してほしいということでした。

「何の説得ですか?」と聞くと、その物理学者は胃がんを患ってしまい、最初は胃を全摘し、その後は膵臓、肝臓と、広い範囲に転移していました。

国立がんセンターに行き、抗がん剤治療で体重が40キロぐらいまで落ちてしまって、ほとんど何も食べられていないとのことでした。

しかし、物理学者で実験が命という方ですから、研究室のソファーに横になって部下に指示を出しながら、いまだ研究を続けているそうなのです。

本人は、その後も抗がん剤治療や手術を受けるつもりだったようですが、奥さんや秘書は、そうした西洋医学の治療ではみるみる悪化しているので、別の選択肢について、本人に考えてもらいたいとのことでした。

ところが、ご本人は東大出の秀才です。いわゆる民間療法のようなものは信用しません。

そこで、同じく物理学者で懇意でもあり、彼を説得できる人は僕しかいないと白羽の矢が立ったわけです。しかも、キワモノ的な民間療法などにも明るいという認識があったのでしょう。

「わかりました。では、うかがいます」と安請け合いして、研究室のある埼玉の奥のほうまで行くことになりました。

その道すがら、東大出でとても頭が切れて、西洋医学しか信用しないという人を、どういう風に説得すれば他の選択肢となる医療を受け入れてもらえるのだろうかと考えました。

そのときにふっと、東大卒の人は東大医学部教授の矢作先生の話なら聞いてくれるだろうと思うに到りました。

そこで、池袋の大きな本屋に寄り、矢作先生のご著書、『人は死なない』と、僕がその頃に出版していた、業捨について少しですが書いた本も買いました。

神原　『合気の道』(海鳴社)ですね。

保江　はい。僕の本だけでは信用がありませんから(笑)、矢作先生の本もお供になっていただいたのです。

研究室に着いてみると、その方は本当にソファーに寝転がっていました。

僕が突然入っていったものですから、少し驚いた様子で、

「ああ、久しぶり、どうしたの」と。

奥さんもそこにいらっしゃいましたが、僕が説得できるのかどうか、気になさっている様子でした。２冊の本を渡すと、

「ふーん、また本を出したの？」といいます。僕は矢作先生の本を示して、

「まず、こっちを読んでよ」とお勧めしました。

「『人は死なない』って何だよ、これは」というので、少し説明をすると、

「何？　東大医学部救急の教授が書いたのか……」と、心が少し動いたようでした。そこで、

「実はね、この先生が一押しの不思議な先生が、広島にいるんですよ」といって、僕の脇の下の出来物が皮膚がんになりそうだったところ、その先生のおかげで消えたのだと話すと、彼はじっとその本を見ていました。

「食いついてきたぞ」と思い、

「東大医学部の教授である彼が、僕をその施術院に連れていってくれてね」というと真剣な眼差しで、

「そうか」と。

「行ってみませんか？」と誘うと、
「うん。行ってみようか」と承諾してくれたのです。

広島に行くその日、埼玉県から羽田空港まで、タクシーではずっと横になったままで向かい、羽田空港と広島空港では、地上アテンダントが車椅子を押してくれたそうです。

当時、僕はワゴン車を持っていたので、岡山から広島空港まで迎えにいき、車の後部座席をベッド式に倒して、恐る恐る彼を車椅子から移しました。

谷原先生の施術院は、エレベーターがない古いマンションの5階でしたから、僕が肩に彼を担ぐように支えて、階段を登っていきました。踊り場ごとに休みをとりつつ、15分くらいかけてやっと到着です。

予約時間になって、いよいよ、業捨が始まりました。施術の痛みから、
「やめてください」と彼が上体を起こすのですが、そのときの様子が元気なのです。それまで、
「自分では起き上がるのも大変だ」といっていたのに、自力でなんなく起き上がっていました。

そのうち、痛みを紛らわそうと思ったのでしょう、彼が、

「谷原先生、いったい、どこでこんな施術を見つけたの？」と質問をすると、答えるために谷原先生が手を休めるので、「これはしめた」と考えたに違いありません。できるだけ休ませようといろいろと喋り始めたのです。そして、その勢いが、どんどん増していきました。

傍《はた》で見ていた僕と奥さんは、「この元気さはどうしたことだ」と目を見張っていました。

2時間ほどかけて施術が終わり、お座敷に戻って座っていたところ、彼が、

「お腹が空いた」といい出したのです。胃は全摘してなくなっているので、ほとんど流動食か、お米を細かく砕いたお粥のようなものをずっと食べていたのに……。

「とにかくお腹が空いた」という彼に、奥さんは、りんごなどの果物を小さく切って容器に入れて持ってきていたのを、

「じゃあこれでも」といって差し出しました。

すると、谷原先生がいつものように、

「寿司でも食っていけ」といって、冷蔵庫から取り出した立派な握り寿司をどんどん並べてくれるのです。患者の物理学者は、じっとその寿司を見て、

「食べられる気がする」といい出しました。奥さんは驚いて、

「無理でしょう、生魚だし」というのですが、

「いや、食べたい」と。

そのときに、僕は広島空港から羽田空港への最終便の時間が迫っていることに気づきました。

神原　さきほどのお話ですね。

保江　そう、さきほどの話です。

最終便まであと45分しかなかったので、少しあわてて、

「では失礼します。ありがとうございます」と、お暇《いとま》しようとしました。

すると、谷原先生が、

「途中で食え」と、寿司折を二つ、ポンと渡してくださいました。

院を出ると、驚いたことに彼は、階段をトントンと足取り軽く、一人で降りていきます。

誰の介助もなく、真っ先に下まで降りていって、僕の車にさっさと着いて待っているのです。車では、後ろの座席を倒さずに普通に奥さんと隣合わせで座っていきました。

道中、彼はしきりにお腹が空いたというので、奥様が最初は容器の中の果物をあげたのですが、やっぱり寿司を食べたいというのです。

「では玉子なら」と握りの半分ぐらいを差し出したところ、パクッと食べてしまいました。僕はルームミラーで見つつ、「大丈夫かな……」と心配していたのですが、玉子の握りを全部食べて、さらにマグロにも手を出して……。

神原　具合が悪い人が生ものを食べるってすごいですね。

保江　結局、一折の半分くらいを食べてしまい、「ああ、うまかった」とご満悦になっていました。

胃を全摘して、さらに膵臓などに転移して弱り果てていたのに、あんなに美味しそうに握り寿司を食べたのは久しぶりだった、と後に奥さんからうかがいました。

この件では本当に、業捨ならではの手応えを感じましたね。

必死で車を走らせたのですが、結局定刻には間に合わなかったというのは先述のとおりです。

飛行機の出発時刻から30分遅れて、広島空港ターミナルビルに車を横付けしました。僕が、「とにかくカウンターに行ってください！　僕は車を駐車場に置いてから追いかけますから」というと彼は、

「じゃあ頼む」といい、自分で車からポンと飛び降りて、少し先に見えていたエスカレーターではなく、階段を駆け上がっていったのです。着いたときは車椅子だったのに……。

僕はすぐに駐車場に車を置いて、チケットカウンターまで追いかけました。すると、最終便が終わったために、カウンターは閉まろうしていてお二人の姿は見えません。

そこにいた女性スタッフに、

「今、ここにご夫婦が走ってきたと思うのですが、どうされました？」と聞くと、

「到着便が遅れて、ちょうど搭乗ゲートのドアが閉まるタイミングでしたから、ぎりぎり間に合いました。今、係がお連れしています」と。

「ああよかった」と思っていたら携帯が鳴りました。

「ああ、保江さんありがとう。間に合ったよ。これからもう乗るから、じゃあね」という彼の声がとても元気なのです。僕も、よかったよかったと心から安堵しました。

それから彼は本当に手応えを感じたのか、毎月、広島まで通うようになりました。

毎回僕の世話になるのは気が引けるとのことで、3回目からは息子さんが同行して、広島空港からレンタカーで谷原先生のもとへ通っていました。

弱り果てていた頃の彼は、週のうち1日か2日だけ研究室に顔を出し、それも滞在時間は1時間から2時間でした。その間、ずっとソファーに横になって、部下に指示だけ出していたのです。

それが、研究室に毎日行くようになり、みんなと一緒にお昼ごはんを食べに出るようになったといいます。うどん定食などを、おいしそうに食べていたそうです。研究室以外の皆も、「確かあの先生、胃を全摘していたのじゃなかった？」と驚いていたそうです。

物理学者としての生活を取り戻して、ついに、物理学の国際会議を開くといい出したのだとか。

そして、実際に半年後に国際会議を開くことになり、アナウンスも済ませ、世界中からいろんな方を招聘する段取りを整えました。

その国際会議の直前に、彼は亡くなられたのです。

すっかり準備を済ませて、後は部下に任せておけばスムーズに事が運ぶ、というところまでお膳立てをし、フルに走り切られました。

後に、秘書さんや奥さんから、

「もし業捨を受けていなかったら、元気が戻ることもなく、思い残すことばかりで逝くことになったでしょう。

業捨のおかげで、線香花火が最後にパッと光るように、物理学者として納得できるまで動いて、国際会議の準備も完了してから、あの世に旅立てました。本当にありがとうございました」といわれました。

単なる延命なら要らない。お元気で、思い切りしたいことができたことが、本当によかったと思います。

延命ではない、天寿まで生ききることができるもの

神原　やはり、寿命は変わりません。ただ、その寿命まで満足のいく生活ができるかどうかというのが、業捨で大きく変わっているような気がします。

保江　業捨は、延命のためにあるような技術ではないのです。クオリティ・オブ・ライフを上げ、その天寿まで生ききることができるものなのですね。

神原　寿命までは健康体でいられるのが、もっともありがたいことですね。

保江　そうそう。今、一番求められるのはそれでしょう。
その物理学者のことがありましたし、その後もとにかく難病だったり、病気に悩むいろんな人を業捨にお連れしていました。
谷原先生は快く、どんな人であってでも受け入れてくださって、いつもお寿司をご馳走してくださいました。

その先生の後を受け継いでくださる神原先生がこの関東圏にいらっしゃいますから、近辺の方は本当に恵まれていますよ。

お話ししましたように、谷原先生の院は広島駅から、さらに呉線というローカル線で、鈍行しか止まらない駅で降りて、そこからタクシーですからね。到着するまでにかなりの時間がかかっていました。

ただ、面白かったのは、待合室のお座敷で待っている間も、何かしらが起こるのです。

神原　他の方々との交流などですか？

保江　交流はどうでもいいの、変な人が多いから（笑）。

そうではなく、その場がいいのです。景色もいいですし。

瀬戸内海の島々や、ときどき小さな渦潮が巻くのが見えるのです。

神原　『合気の道』のカバーにもそこの写真が出ていますものね。

保江　渦潮がＵＦＯに見えることもありましたし、本当にＵＦＯが出てきたりもします。
そういう場所だから、施術院をあそこにしたと谷原先生もおっしゃっていました。他の場所だったら、もっときつかっただろうとおっしゃっておられて……。
やはり、そこの場の空間の何らかの力をもらっていたのでしょう。

神原　私の施術所でも、小さい子が来ると不思議と帰りたがらないのです。やはり、あの空気にはそういう力があるのかなと思いますね。

保江　群馬の施術所も、もともと土地が良かったのでしょう。

神原　土地は、父が調べていたらもともと竹やぶだったようです。

保江　竹やぶは良いのです。特に、太い中国原産の孟宗竹ではない、日本の細い竹の竹やぶは、ご神域です。

今でも、家などの建築の前に、地鎮祭で神主が竹を四隅に立てるでしょう。あれは、そこをご神域にするためのものなのです。

この白金の事務所も、目の前に龍穴があって結界の一部になっていますから、他の場所でやるよりはここのほうが楽でしょう。

神原　たぶんそうですね。

業捨はなぜ痛いのか？

保江　それから、業捨がなぜ痛いのかということも教わりました。

谷原先生がおっしゃるには、業捨は、骨の中に入っている業を表面に引っ張り出してきて外に捨ててしまうということなのです。そのとき、業は取られたくないということで……。

神原　しがみつくのですよね。

保江　そう、しがみつくために、その人間の記憶にある最も大きな痛みを思い出させているのだそうです。

ですから、施術されている箇所が痛いわけではなく、頭の中で痛みがつくられているというのです。その痛みで、人はやめてくれというようになるのですが、それはすなわち、業のあがきなのだとおっしゃっておられました。

「確かにそうかもしれない」と思ったのは、女性では、出産したことのある女性とそうでない女性で、痛みの度合いが違うというのです。

神原　出産している人のほうが、痛みが強いのですね。

保江　はい。出産の痛みの記憶が蘇ってくるのですね。

他にも、空手の世界選手権で戦っていたような人は、実際に打たれ強くはあるのですが、痛みもものすごく知っているわけです。だから、

「俺は強いから平気だ、痛みには負けない」といっている人に限って、業捨を受けると、

「痛い痛い」と大騒ぎです。それは、記憶の中の痛みのレベルがとても高いからです。

神原 確かに、プロレスラーはすごく痛がっていました。

保江 でしょう。レベルが違うのです。本当に痛いのを我慢していますからね。

神原 ただ、痛みの質は違いますよね。殴られる痛みと切られる痛みは……。私が谷原先生に施術していただいて感じたのは、業捨はどちらかというと、切られてえぐられているような感覚でした。

保江 そう。釘を刺してグッと引き裂かれるかのような。

神原 殴られる痛みなら我慢できるのですが、切られる痛みってすごく我慢しづらいなと思いました。

保江　また、これも面白い話なのですが、脳出血を起こして左半身不随で感覚もないという人がいて、僕の友人がその人を業捨に連れていったことがあるのです。

谷原先生の業捨を受けて、麻痺していたはずの左半身を触られると痛いといったそうです。その患者さんは、痛い痛いといいながら、痛いけど嬉しいと……。麻痺しているところに感覚が生まれたからですね。

その後も業捨を続けると、何回目かには、普通の人が触っても感じるようになったといいます。感覚が戻ってきたのです。あれは不思議ですよね。

神原　不思議ですねぇ。

保江　これは、通常の西洋医学の医師には説明ができません。感覚が麻痺していたら、つねってもわからないはずなのですが、業捨だけは痛みを感じさせるという。

全身にエネルギーを巡らせるヒーリングタッチ

保江　僕が岡山で、いろんな人に業捨を体験してもらっていた頃のことです。
エジプトのピラミッドまで同伴してハトホルの秘儀を一緒にしてもらった僕の姪が東京にいたのですが、その姪の友達に、東京の医学部系の大学院で研究をしている博士過程の女性がいたのです。その女性の医学的研究テーマがヒーリングタッチというもので、その被験者になってくれといわれました。
そこで、その大学まで行くと、業捨と同様に横にさせられました。しかし、業捨は触るのですが、ヒーリングタッチでは体には触りません。

神原　空間を触るということですか？

保江　そうなのです。NPO法人日本ヒーリングタッチ協会によるサイトでは、こうあります。
「ヒーリングタッチは、人のエネルギーフィールド（バイオフィールド）をクリアにし、活性化し、バランスさせる標準化された非侵襲性のテクニックを収集したものです。ヒーリングタッチは、コヒーレントでバランスのとれたエネルギーフィールドを創り出すのを助け、人が持つ癒しの力を支えます」

そして、「優しいタッチを使って身体的、思考的、感情的、スピリチュアルな健康をバランスさせるのを助けます」とも書いてありますから、軽いタッチはあるようですが、僕がしてもらった施術では、触れられることはまったくありませんでした。

もともとはアメリカ発祥で、アメリカ国立衛生研究所の分類においては、バイオフィールドセラピー、看護介入法となっているとのことです。ヒーリングという名のとおり、治療の一種なのですね。

神原　気功みたいな感じですか？

保江　気功ではあると思います。ただ、気を出したりするのではなく、体からちょっと離れたところを触っているようなイメージで、全身に施していくのです。それで実際に、病気も治ると聞いています。

業捨も西洋医学的には原理がわかりませんが、まして、体に触れもせずに治療を施すというのはもっとわかりませんよね。しかし、医学部で、博士過程の研究でやっているというのですから、そんなにいい加減なものであるはずがないですね。それを受けているときに、「これも、業捨の一種なのかもしれないな」と思いました。何かに触れられているという感覚も、痛みもありませんでした。

2回の施術を日を代えて受けたのですが、2回目のときには目をつぶってみました。それでも今、体のどのあたりをヒーリングされているかがわかるのです。実際のタッチがなくても、何かを感じていました。

ひょっとして、業捨でも体を触らずに手付きだけでこする動作をしても、同じ効果が得られるのではないか、とも思ったことがあったのを今、思い出しました。一度やってみるのはどうでしょう。

神原　私は、触れてみないと悪い箇所がわからないですね。ヒーリングタッチでは、ここが悪いというのがわかるのでしょうか？

保江　その女性はそうしたことには触れず、とにかく全身にエネルギーのようなものを巡らせていくだけでしたね。体の不調に自覚がある人、例えば肝臓の調子が悪いとかいう場合は、肝臓のあたりでヒーリングタッチをしていたようです。

２回の施術を受けた後は、お声がかからなくなりましたので、ヒーリングも不要になったのかもしれません。

第三章　業捨はどういう生命現象作用なのか？

業捨はどういう生命現象作用なのか？

保江　谷原先生は業捨について、弘法大師様の力という表現をされただけで、具体的に何がどうなっているからこういう効果が出ているという話はされませんでしたが、業捨をすると痛みを感じてこすられたところは赤くなり、中には赤黒くなる人もいます。

これは、何の作用なのでしょうね。

以前、生理的な作用や物理的な作用という面で、なぜそんな現象が起きるのかについて、一番イージーな考え方は静電気だとおっしゃっていましたね。

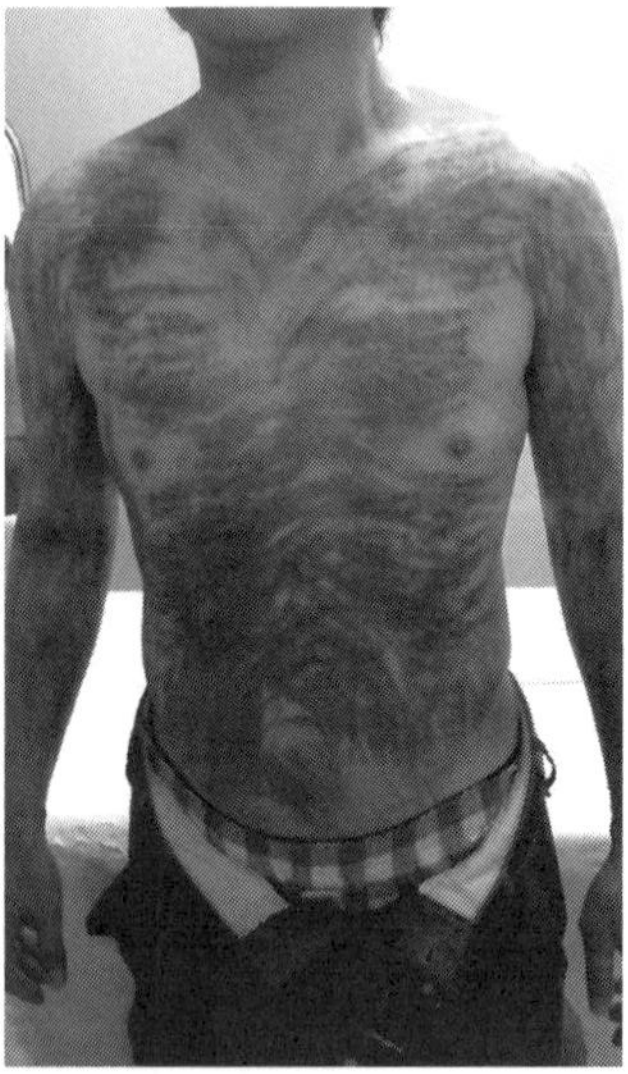

業捨後の施術跡

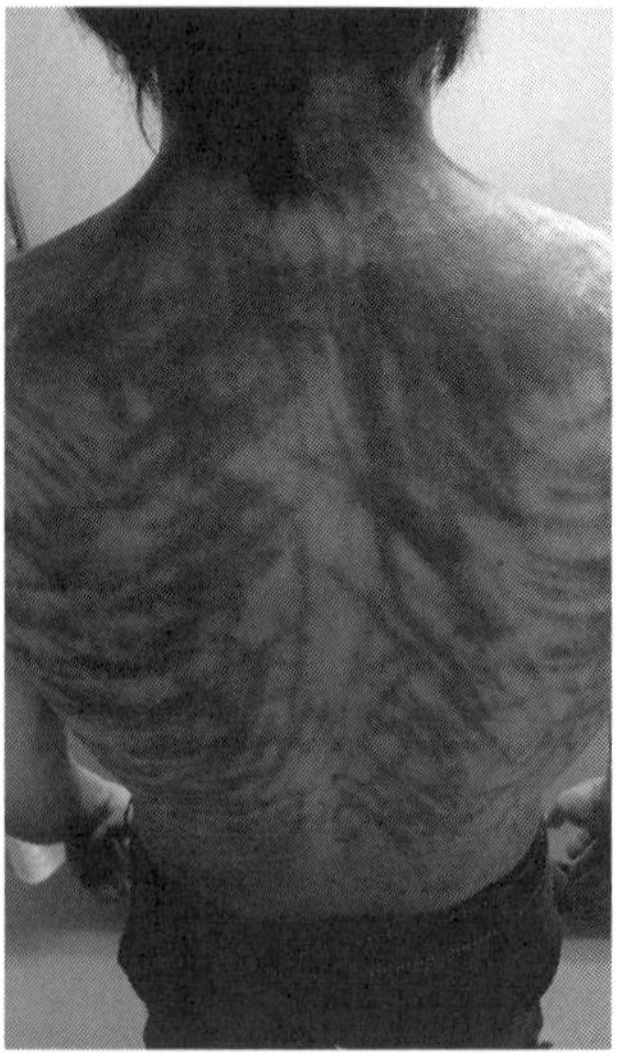

神原　はい。

保江　こすると静電気が起き、それから電気的な作用が皮膚に働き、皮膚の内側で何らかの現象が起きる……と、物理学的にはそれしか考えられないですね。

あとは、こすることで若干の摩擦熱は出るとは思いますが……。

神原　温熱療法というのがありますよね。

保江　温熱療法は、生暖かい程度にしかなりません。それに、皮膚があんなに赤くはなりませんよね。

静電気以外だとしたら、他に考えうる物理的な要因は何かと検討しました。

体に針を刺して、そこから微弱電流を通すといった方法もありますが、あれは単に筋肉の反応を誘発するという程度のことなのですね。

電気的な刺激というと、電流とか電圧とかいうレベルでしか考えない人が多いですが、実は放射線も電気を起こすものがあるのです。

放射線は、アルファ線、ベータ線、ガンマ線の3種類があります。

このうちアルファ線は陽子、プロトンです。プラスの電荷を持っていて、素粒子の中では大きい。アルファ線を出すものには、ラジウムなどもありますが、そんなには出ません。

ガンマ線は、光の波長がとても短いもので、皮膚からはかなり深く入りますが、さほど影響はありません。DNAを壊したりもしますが、害は大きくありません。


そして、生体に一番影響を与えるのがベータ線です。

ベータ線は電子、つまり電気のもとです。ですから、ベータ線が当てられるということは、電子が飛んでくるということになるのですね。

地球上に生命が生まれた起源についても、このベータ線が有機物に当たってタンパク質を重合させたことで始まったという説もあるぐらいなのです。

ベータ線、つまり電子は生命力の維持に重要です。


電子というのは分布がたくさんあり、電子が少ないのが、例えば静電気です。こするだけで電気が分離して、マイナスの電気（＊電子）が増えるとか減るといった現象が起きます。同様に、放射性物質もベータ線を出しているということは、電子を出しているのですね。つまり、電荷の過不足……、電気がたくさんになる、あるいは減る、そういう現象を起こしています。ですから、業捨が静電気によるものとすれば、放射性物質でも同じようにできるということになります。

現に、放射性物質を身につけて、その放射能、つまりベータ線を当てることで、健康を維持させると謳うグッズもあるぐらいです。

いつかこの業捨についても、霊的な現象が起きているという解釈ではなく、どういうレベルでの生命現象作用なのかということを突き止めたいのです。そうすることによって、業捨という治療法がもっと広まればいいなと思っています。

ただ、解消されない疑問の一つに、例えば、谷原先生や神原先生の手ならできて、他のほぼすべての人の手ではできないということがあります。

静電気ということであれば、誰がこすっても静電気は生まれるので、施術ができるはずなのに、効果はまったく違うのですね。

そうなると、やっぱり霊的なレベルに落とし込むしかないのかなとも思えます。
神原先生ご自身はそのあたり、どのように思われますか？

神原　説明は難しいのですが……、自分で触れている箇所のイメージが浮かぶのですね。例えば身体をこすっていて、指先で感じる硬さや冷たさから、頭なのか目の奥なのか、人体模型のような筋肉や骨格、内臓や骨、血管が浮かびます。違和感のある箇所が立体的であったり、輪切りであったりとさまざまですが、滞りや詰まっているイメージがあるのです。

保江　施術の受け手側の体の中がわかるということは、その体と何かが繋がっているのでしょうか？

神原　スキャンしているような感じだと思います。

保江　それは、触らないとわからないのですよね？

神原　こすってみないとわかりません。こすっていくと、そこの奥の感じがつかめてくるといいますか、頭に浮かんでくる感じですね。

例えば、答えやすい例でいくと五十肩ですね。

病院などで五十肩といえば、痛み止めの注射を打ったり、よく治療されてくる箇所があります。

けれども、業捨ではそのあたり（肩の表面）をこすっていてもあまり感触がなく、ずらして探っていくと、その内部に何かがある感覚なんですよね。

つまり、脇の下あたりを触ったときには、イメージ的にはもうこのあたりだなと感じるんですよ。筋が固まっているような。

五十肩で来られる方々は、腕を肩から上に上げると痛いといわれます。私なりに施術後に答え合わせをするように、なぜそこだったのかを考えます。

病院で治療しても良くならないとのことで来られるので、他に原因になりそうな箇所があるかと、自分でいろいろなところを触りながら考えてみます。

すると、肩より上に上げる時に、脇の下が一番伸びるのです。ということは、固まっていた脇の下が伸びるようになって、痛みがなくなったのかと考察しました。知識がないから、触れて探すことをしているだけです。そういうイメージでやっているだけなので、お医者さんのような知識を持っていたら、それが邪魔をしてむしろできなくなってしまうでしょうね。

保江　その詰まりというのは、患者さんの脇の下を触っていてもわかるものですか？

神原　ゴリゴリした感じがしますね。平らなところとざらついたところを触る感覚の違いぐらいのものがあるのです。

骨の中心部から取られる痛み

保江　例えば、馬鹿な物理学者や馬鹿な医者ならば、今の話を聞いて、

「指でこするときには、超音波のレベルかもしれないけれども音が出る。それが内臓や内側の筋肉の組織に反射する。施術者の指先がソナーのように、それを感知しているのだろう」といいそうですが、それはないですよね？

神原　ソナーのような役割をしていると仮定しても、患部が改善されてしまうことについてはどう解釈するのでしょうか？

イメージ的には、その深いところまで届いたという感覚が来たときに、何かが映る感じなのです。

保江　深いところに届いたという感覚があるのですね？

神原　はい、表面ではなく、奥のほうです。

保江　それはわかりますね。

僕は患者として業捨を受けているだけですが、最近はやっと表面的な痛みが薄れて、極めて奥のほうに何かが届いている感覚があります。通常では手が届かないかゆいところに届いているという快感のほうが、このところは強いのです。

それが、かなり深いのですね。自分で自分を引っ掻いたり叩いたり、電気治療で電極を体に付けて電気を流すといったやり方では、とても浅いレベルでしかありません。

今でこそようやくわかるのですが、業捨の痛みを取るという感覚は、とても深いところ、骨のギリギリ……、いや、骨の中心部くらいのところから取られるイメージなのです。


実際、Tシャツやストッキングという布一枚の上から触られているのですが、もう何年も通っていると、その表層に近い痛みの部分はほとんど捨てられているので、その奥の骨の髄までグッとえぐってもらっているのがわかるのですね。

初心者だと、まず痛みが強くてそうした感覚はわからないと思いますが。

神原　内臓をいじられているような感覚だといわれることがあります。頭をやるときは、頭蓋骨ではなく脳をいじられている感じだといわれます。

保江　そのとおりです。

ですから、さきほどお話しした左半身が麻痺して感覚がないという人も、触っても何の感覚も生まれなかったところに痛みという感覚が生まれるのです。

それは、本当に奥のところまで届いているからです。本当の奥というのは何かというと、内臓なら内臓の、あるいは骨なら骨の中心、つまり髄ですね。

頭蓋骨をコリコリやっているだけでも、脳髄に響きますから。

神原　髄膜炎になっている、脳腫瘍をもった方がいらっしゃいました。こするのはもちろん頭皮のみで、指が入るわけでもありません。

しかし、やっていると髄膜炎が結果として改善されているようです。表面の刺激だけでは、脳みその部分の髄膜炎に影響しませんよね。だから、私は指から何かが出ているのかなと想像したこともありますが、結局、わからないのです。

保江　もし指から、それこそ放射線のようなものが出ているということであれば説明は簡単なのですが、まず出ていないでしょう。それでも、同じ効果があるのですね。

そして、誰にでもできるわけではなく、谷原先生、神原先生のような特殊な人しかできない。

神原　特殊というか、人とは違う感覚……、はまり込めるという感じ。おそらく、発達障害のような方もこうした感覚を持っているのではないかと思います。

保江　そうですね。

神原　例えば、職人さんにも、尋常じゃなく集中して仕事をする方がいますよね。それが、仕事として成り立っていたり、周囲に認められている人は職人さんとして暮らしていけます。一方で、不運にも認められない人は、発達障害のような分類に入れられてしまう。まったく同じような状況であってもです。

特殊であるのかわかりませんが、私の発想を例えてみます。
私は、医学を勉強したこともなく、身体についても中高学生程度の知識くらいでしょう。業捨は医療ではありませんので、そこを理解していただいたとして続けます。

例として、がんにかかっている人で、抗がん剤治療は嫌だという方が施術に来たりします。医学では、白血球が増えすぎていると抗がん剤をストップすることがあるそうです。学校で確か、血液は脊髄で作られると習ったと思い、脊髄を施術すると正常化してきてしまうだろうとあえて避けて施術を進めてみると、なぜか白血球数値は高いまま、がんの数値が下がる結果が出た方がいました。

そして、抗がん剤はできないままになりました。自分でも後で馬鹿げた考えだと思いましたが、結果としてこういった例ができたのです。

本当に、これといったメソッドもなく、その場で思いついて、感覚でやっているだけなのです。アドリブみたいな感じです。

弘法大師の一従業員として尽くす

保江　まさに出任せ……、神様の処置が出るに任せるということですね。先生方は単に媒体になっているだけかもしれない。神様がしてくださっているのですよ。

神原　谷原先生は、ご自身を弘法大師の一従業員といっていました。

保江　弘法大師の出任せですね。

神原　そうです。だから谷原先生は、謙虚に振る舞っていらっしゃいました。
先生には、「一生かけてやりなさい」といわれているので、天狗になる暇はないですね。もう、無理難題がたくさんやってきますから。

保江　これまでに、何千人も良くしてこられているのでしょうね。

神原　はい。施術が終わって、ものすごく調子が良くなったなと思う人がたくさんいます。
例えば、杖をついてきた人が杖を忘れて帰ってしまうとか。それで、追いかけて杖をお返しし、

「だいぶ良くなりましたね」というと、
「もともとそんなに足は悪くなかったんだよ」といわれたり。ついイラッとしてしまいますが（笑）。

保江　喉元過ぎれば痛みも忘れるのですよね。

神原　逆のパターンもあります。施術が終わってもあまり変わらなかったなと思う人もいるのですが、そういう方が、
「楽になりました」といってくださると、その程度でごめんなさいと申し訳なくなりますね。

保江　実感がないときもあるのですね。

神原　私からすると、自分ができたなと感じるレベルと、相手が感じるレベルが全然違うのです。「こんな程度でいいのですか？」と思う人もいれば、「ここまでできたのにまだ文句をいうのか」と思う人もいますから。

保江　それぞれの性質的なものもありますね、メンタリティというか。

神原　そうです。それで、良くなった、良くならないという話が面倒なので、「病院に行って検査をしてください」というのです。実際、検査をしてもらうと、数値などが改善されていることがとても多い。だいたい、健康な人の平均値になっています。

この場合、はっきりとした結果が出ているわけですから、納得されることがほとんどですね。

先ほどの保江先生のお話と一緒で、がんで辛い思いをされている方が、普通の生活ができるようになった例もたくさんあります。私も、寿命は変わらないとは思いますが。

保江　それが一番よいと思います。寿命を伸ばせたとしても、ろくなことはないと僕は思いますね。

神原　寝たきりでも10年生きたほうがいいか、動けて普通の生活ができる5年がいいかということですよね。

痛みをなくし、妊婦と胎児を健やかに

保江　僕の友達が、腰が痛いということで谷原先生の院に通っていました。あるとき、施術が終わって、また先生が、「寿司を食っていけ」と出してくださったのですが、その友達は、「いえちょっと、虫歯で歯が痛いから」と遠慮したのです。すると、「何でいわないのじゃ」と先生がいい出し、「業捨では歯痛までは治せないでしょう」と抵抗するのを、強引に顔にストッキングを被せました。大の男が頭にストッキングを被せられたのです。

そのまま患部をこすられ、そのあたりの頬がどす黒くなって、本人は「虫歯より痛い」と泣きながら施術を受けました。

終わってストッキングを取ると、もう虫歯の痛みがなくなっていたのです。

僕も本人も、まさか虫歯の痛みまで業捨でなくせるとは思っていませんでした。虫歯なんて、ガリガリ削って普通の歯医者の治療をしてもらわないと治らないと思っていますから。

神原　とはいえ、溶けた歯は治りませんし、削られたところが再生するということもないです。ただ、痛みは止まるようです。

保江　痛みがなくなるだけでもすごいことですね。歯医者が休みのときにかぎって虫歯はよく疼《うず》くのです。そういうとき、困るでしょう。とりあえず次の日まででも痛みをなくせるというのは、すごい技術ですよ。

神原　それはできています。それから、先ほどお話しくださった放射線につきましては、病院で受ける放射線治療について、感じていたことがあります。

例えば、がんの方がいらして、施術しても手応えが全然感じられない箇所があったので不思議に思って、

「放射線治療を受けました？」と聞くと、
「はい、やりました」とおっしゃるのです。つまり、被爆したところは感触がわからないのですね。細胞が死んでしまっているのかなんなのか……。

保江　自然石などの放射線と違い、人工放射線はかなり弊害があるといいますね。

神原　そうです。復活の兆しがないのですね。
そこは妙にあたたかくて、逆に熱が出ているのです。放射線の熱がこもっているように感じる。触っていて気持ちが悪いのです。

保江　強い人工放射線を当てられたために、放射能を持ってしまったのですね。

神原　そう、中に溜まっているようです。
それで、それがある程度の期間で飛び散って、転移になりやすいのではないでしょうか。
私は医者ではないので、経験の中で感じたことをいっているだけですが……。

保江　妊婦さんを業捨したことはありますか？

神原　あります。

保江　そのときに、おなかの中の赤ん坊に届くようなことはありましたか？

神原　おそらく届いたと思います。その子供は、とても元気に産まれ育っていますよ。

保江　やはり。

神原　母体の血液がきれいになっているようですし、その血液は赤ちゃんにも届いていると思いますから。

保江　今、産む前に羊水検査をする人が多いと聞いています。

神原　ダウン症など、いろんなことがわかる検査ですね。

保江　お腹の子に問題があった場合に、産むか産まないかという判断をするための検査でもあるそうですね。

そうした、今の科学では手の施しようがないような問題を抱えた胎児でも、業捨なら何かできるような気がするのです。

神原　染色体が足りないのは、増やせないかもしれませんけれども。

保江　そうでしょうね。しかし、例えば逆子はどうでしょう。

神原　それは、正常位置に戻る人が多いですよ。施術の後には、勝手に戻っています。

保江　やはり。それは母体に作用しているのではなく、胎児のほうに作用しているのですね。

神原　胎児が回転していますからね。

保江　奥深く、内臓や骨の髄にまでたどり着いているという作用は、母親のおなかの中にいる胎児にまで届くと思うのです。

野口晴哉《はるちか》という、野口整体を興した方がいらっしゃいますが、彼は晩年は産科を開いて、愉気《ゆき》と呼ばれる気を当てることをしていたのです。そうすると、本当に楽に、痛みなく出産できるというのですね。

僕の単なる推論ですが、妊婦さんに産まれてくるまでの十月十日の間、例えば2週間おきなど定期的に、特に胎児に届くように意識して業捨をしておくと、驚くような違いが現われるように思います。出産時の痛みが少なくて楽とか、時間がかからないとか、赤ん坊も特に元気に生まれるとか……。

神原　これもやはり感触からくるイメージなのですが、不妊の方に業捨をすると、子宮の奥が冷たくて硬いのです。

卵子がうまく着床するには、やはり暖かくて柔らかい状態にしなくてはいけません。そのイメージでずっと辿っていくと、子宮の奥が柔らかくなってきたときに自然妊娠しやすくなるのです。

そこに作用できるのですから、その中の胎児にも、やはり作用できるだろうということですね。

保江　当然できますよね。では、不妊治療的な目的で来られた方が、妊娠できたという例もあるのですね。

神原　友達の家などでも、けっこうありました。

保江　谷原先生の長年の治療の中でも、そのようにおなかの中の赤ん坊を治療したということはあまり聞いていません。

神原　たしかに、あまり聞いていませんが、話に出てこないだけかもしれません。

保江　これから妊婦さんを募って、もっと積極的にやってみませんか?

神原　それはまったく問題ないと思います。妊婦をよく施術していたので大丈夫です。最近は、妊婦さん自体がなかなかいませんけれど。

保江　業捨というものを極める、もしくは理屈を発見するという意味でも、胎児にどれだけ届くかというのが研究テーマとして気になりますね。

神原　しかし、届いたかどうかをどうやって知るか、表現できるかですよね。

保江　池川明先生のように、胎内の記憶を本人に聞くしかないでしょうか。

神原　記憶を持って生まれてきてもらわないとダメでしょうかね。

保江　いや、みんな記憶は持っているのです。でもだんだんと、忘れていってしまう。それでも、何らかのかたちで思い出すことがあるのです。

そのへんは池川明先生にご相談して、彼の産婦人科に来られるお母さん方に協力してもらえばよいのではないでしょうか。

神原　被験者はいるわけですね。

保江　この試みは面白いですよ。妊婦さんのお腹を軽くこすったからといって、問題があるとは思えませんし。

神原　もちろん、血液がきれいになるぐらいですから。初めてのときは、若干加減しますしね。

保江　業捨の奥深さのレベルというのは、胎児まで行くと思うのです。野口晴哉先生の愉気だってそうだったのですから。

妊娠中の辛さが軽減されたり、出産が楽になるというのはこれから妊娠しようという女性には朗報でしょう。日本の少子化問題にも一役かえるかもしれませんね。

では、精神異常の方に業捨をしたことはありますか？

神原　何人かあります。発達障害型ですか？　それとも、統合失調症でしょうか。統合失調症では、本人が治りたいと思っていれば効果がありました。

保江　いわゆる、精神分裂というものですね。

神原　そういう病気で来られていた女性がいらしたのです。初めのうちは、朝3時とかとんでもない時間に電話がかかってきたりしました。私もその件ではとても疲れましたが、今では子供を産んでちゃんと母親になって、普通の生活をしています。

保江　やはり、効果はあったのですね。ちなみに、治療の部位はどこですか？

神原　頭のてっぺんから後頭部、延髄、脊髄といったところです。反射神経についても、もしかしたら必要かなと思いつつ、まずは脳内ホルモンかなと。頭の中のイメージだけですが。そこからはどうしようかなと思いつつも、もう手が勝手に動いていって、改善していますから。

保江　なるほど。では、多重人格の例はありますか？

神原　多重人格も結局、統合失調とあまり変わらないですね。

松果体の刺激で能力は開発されるか？

保江　例えば、僕が統合失調症でも何でもない健常な人間だとしましょう。

その健常な人間の頭を業捨して、眉間の奥の松果体を刺激した場合、何回か受けているうちに松果体が敏感になり、スプーンを曲げられたり、人の考えが読めたりといったことができるようになると思いますか？

神原　松果体を刺激したとしても、その人に素質がないと難しいかもしれません。

保江　やはり素質ですかね。

神原　松果体を刺激できたとしても、左脳でしかものを考えられない人にはちょっと無理かもしれませんね。

保江　でも今、神原先生がお答えをくださったとき、僕の松果体にビリビリきたのです。

神原　今、私も見ていました。

保江　でしょう。神原先生もご存知の、兵庫県の六甲で「マジックカフェ・バーディー」を運営されている、超能力者のバーディーさんが僕の考えていたことを読んでくれたときも、ビリビリきていました。

バーディーさんも、神原先生も僕も、右脳は得意ですよね。

神原　得意かもしれません。

保江　右脳人間なのです。こういう人間ならできるのですが、やはり俗にいう、頭でっかちの左脳人間ではだめなのでしょう。

神原　無理だと思います。理屈が先行しますから。

保江　そうそう。僕が専門としている物理学というのは、イコール理屈というイメージ、つまり左脳を使うと思われている向きがあると思います。しかし、理屈というのは嘘なのです。

物理が理屈だと思っているレベルの物理学者というのは、たいしたことありません。

ノーベル賞クラスの湯川秀樹先生やヴォルフガング・パウリ、アルベルト・アインシュタインといった、高いレベルの物理学者は理屈ではありません。

神原　ここでいう理屈というのは、統計学のことだと思うのです。今までに起きたことの中で、計算ができないものはわかりません、というのが左脳で、そこから先を想像できるのが、右脳ですよね。

保江　はい。理屈をどう組み立てていっても、そのうちに必ず破綻するのです。そこで、その理屈を飛び越えなくてはいけないのですが、飛び越えるには右脳の力が必要なのです。

神原　想像力ですね。

保江　想像力、いわゆる閃きです。閃きをいただくためには想像力と右脳の力が必要で、何ごとも密に考える性質の人は閃きをもらえないのです。左脳人間には絶対無理です。限度があって、つまらないものでしかない……、そこには真実がありません。

昔、僕が大学院生だった頃、京都大学の数学や理論物理学の教授たちはほとんど研究しませんでした。

だいたいは、昼過ぎに研究室に来て碁を打っています。将棋よりも碁を好む先生が多いのです。将棋はルールですが、碁はルールよりもパターンですから、より奥行きが感じられるからかもしれません。

碁を打って、タバコを吸って、酒を飲んで酔っ払って帰っていき、また次の日も碁を打つという毎日です。そんな生活をしていると、ふっと閃いて、「ああ、こうやればあの問題がこういうふうに解ける」と、それまで誰も考えなかったようなすごい定理などを見つけるのです。

これが、毎日コツコツと研究ばかりしていたら、絶対にそうはなりません。

今の文部科学省がどんどん大学を締め付けているので、今はなかなかそうした自由はききませんが。

一番手軽にできる悟りの方法とは？

保江　そういえば昨日、ある会で面白い出逢いがありました。リアル仙人と呼ばれている、板橋区で獣医さんをしている男性で、スピ系の本をたくさん出しています。

彼は毎週、金曜の夜に仕事が終わると、八ヶ岳の一番奥にある諏訪湖の上の山に行って、岩場でじっと座っているそうです。冬には、体に雪が積もってくるといいます。

それでどんどん仙人のようになっていって、いろんなことがわかってきたと。

その会に集まっていた人たちが彼に、

「一般人にはそんな厳しい修行は無理です。もう少し簡単に、人が悟れる方法はあるのでしょうか？」と聞くと、

「瞑想もいいし、お寺で座禅を組むのもいいでしょう。

でも、一番手軽にできるのは、車を運転することですよ」と答えたのです。車を運転しているときは、実は瞑想しているのと同じ状態なのだそうです。

もちろん、運転初心者は不慣れでいろいろと考えてしまうでしょう。だから、事故を起こ

しやすいのです。

慣れてきたら、よそ見をしようが会話をしようが、考え事をしようが運転できます。

「ですから、車の運転というのは、実は右脳がしていることなのですね」と、その仙人がいうのです。

「確かにそうだな」と思っていたら、それを聞いていた他の参加者が僕の本を読んでくれていて、

「そういえば、保江先生がドイツのアウトバーンで方程式を閃いたのも、車の中でしたよね」と。

いくつかの著書に書きましたが、僕が「ヤスエ（保江）方程式」というのを閃いたのも、確かに運転の最中だったのですね。

僕は、スイスにいたときにランチャーの中古のスポーツカーを買いました。

「よし、これで飛ばすぞ」と、わざわざドイツの速度無制限のアウトバーンに行って、どんどんアクセルを踏んでいき、時速１９０キロになって無心のようになったときに、松果体のあたりに何かが浮かんできたのです。それが、僕の方程式になりました。

そこで、なるほど、車を運転するということは、確かに右脳モードになっているのだと気づけたわけです。右脳モードになれば、閃いたり、新しいものを見つけることができるのです。

おそらく、施術のときには神原先生も右脳モードになっているので、普通ではわからない体内のこともわかるのでしょう。

神原　僕も、治そうとか中を見ようという感覚は一切ないですからね。

保江　瞑想のようなリラックス状態であり、中今状態なのでしょうね。

神原　中今ですね。

保江　僕も、運転しているとき、方程式を見つけようなんて思ってもいませんから。

「もうじき190キロだ！　わー！　すごいぞ！　でも振動が激しくて空中分解するんじゃないの？」と思いつつ、ふっと気が抜けたときに、方程式が出てきたのです。

そういったワクワク感は、施術のときにあるのですか？

神原　高揚感といったものはあまりないですね。けれども、「これは俺に対する挑戦かな？」という難しいお題だったら、ある意味ワクワクしますよ。

未知のものだったりすると、どんな感じなんだろうという興味が湧きますよね。医者にダメだといわれたと聞くと、さてどうしようとなりますが、逆にやりたくもなります。医者でダメでも、私がなんとかできるかもしれないと。

保江　なるほど、やはりそのときにワクワクしているのは同じなのですね。

神原　どこが原因なのか、などという探究心も出てきますよね。

過敏性大腸炎という病気で、大学病院に3ヶ月入院して、絶食を3ヶ月、ステロイドを3ヶ月やったのに全然ダメだったという人が来たことがありますが、施術を始めたときに、「おかしいなぁ。腸はぜんぜん悪くなさそうだな」と思いました。それで、どこか引っかかかるところはないかと指先の感触のみに本当に集中してみていました。

お腹周りを一とおり巡って、内臓にはないなと思ったので、ちょっと枠を広げていきました。すると、

「あれっ?」と、瞬間にやはり閃きみたいなものがありまして、

「この人、会社が嫌いなのかな」と思ったのです。方向性がまったく違いますが……。

保江　そうですね、方向性がまるっきり違いますよね。勤め人の方だったのですね。

神原　そうなのです。

勤め先の会社の社長さんとお母さんが付き添って、うちにきたのです。

例えば、プールが嫌いな小学生が、プールの授業でだけ熱を出すというのがあるじゃないですか。

保江　聞いたことがありますね。

神原　ということは、この人は頭で病気を作っているのかなと思って、頭の方をやってみたらガリンガリンに硬い。そこに施術をすると、大騒ぎされて、やむなく中止しました。けれども、もしかしたらこれはこすらなくてもなんとかなるのではないかと思って、社長さんとお母さんに、

「1ヶ月ぐらい叱ったりせずに放置して、好きなようにやらせてあげてください」といって実際にそうしてもらったら、下血が止まったのです。

結局、彼は叱られたり、監視されているのが嫌だったのです。放置されたら、勝手に治りました。

自分の体を悪くすれば叱られないだろうという気持ちが病になったのでしょうね。

センサーとしての指先と閃きが直結している

保江　直感力で原因がわかったのですね。

しかし、今のお話だと、本格的な業捨はしていないことになりますよね。指で触るという

業捨は。

神原　やりながら内臓のほうを探していたのですが、怪しい箇所は見当たりませんでした。では頭なのかなと、ふと思ったのです。実際にやってみると、この人は脳で症状を作っていると思いました。

保江　ということは、やはり業捨というのは、サーチをしているのですね。探索がまず先という。

神原　ここだと思ったら深く入るという感じですね。探索しているときにもうすでに深いところまで行っているのに何もないというときは、そこには悪いものがないという結論になります。障害物が出たときには、そこを削りましょうという感じです。

保江　なるほど。まさに障害物を削り落としているのですね。

神原　イメージ的にはそんな感じです。センサーとしての指先があり、閃きが直結しているというような感じですね。

保江　手以外ではできるのですか？　例えば肘とか。

神原　できません。足でやってみようと試してみましたが、つっただけで終わりました（笑）。

保江　足で試したのですね（笑）。

神原　足も手と同様に指があるのだからできるかなと思ったのですが、ただつってしまったという……。

保江　ホムンクルスの小人をご存知ですか？　脳の大脳皮質の中の容積を、例えば指の感覚や指を動かすために使っている部分は脳のどのあたり、目、視覚の部分がどのあたりと割り振っている図です。

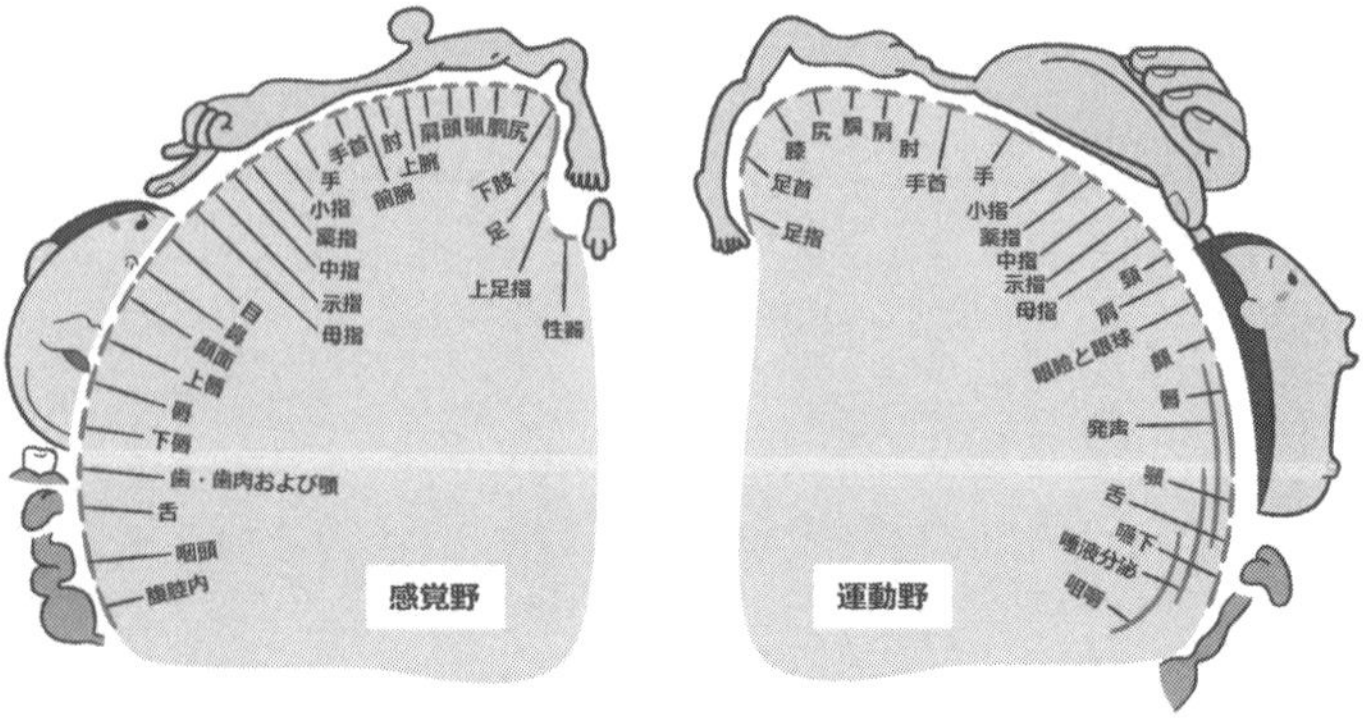

ホムンクルスの小人では、脳を占める部位が最も大きいのが手なのです。一番たくさん脳の容積を使っていて、次が唇です。それに比べて、足が占める割合は小さいのです。

それを表したホムンクルスの小人の図では、手と唇が異様に大きくなっています。目や耳、口のある頭部はそこそこの大きさですが、足も含め、首から下はうんと小さいのです。

このホムンクルスの小人は、精神科学や脳科学の世界では有名です。

神原　すごい。これですか。

保江　唇と手だけが大きくて、ゴリラの赤ん坊みたいで

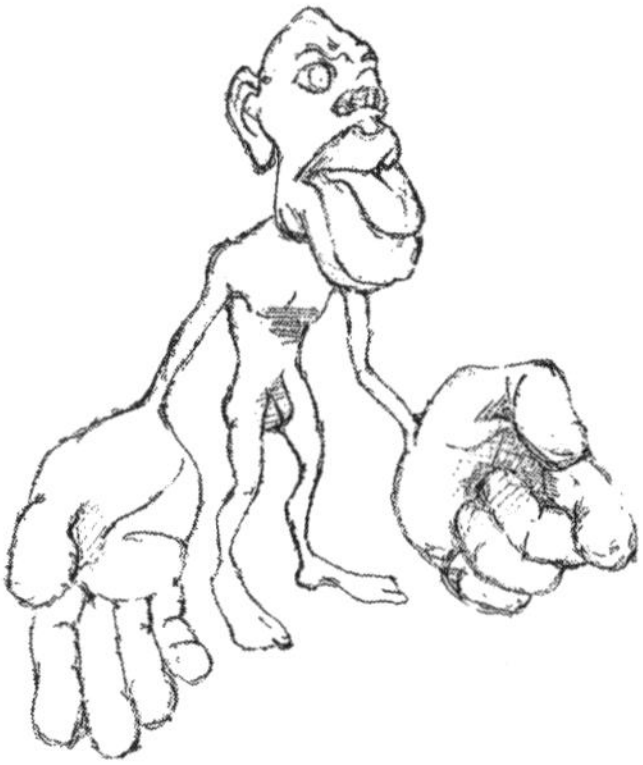

しょう。業捨は、脳を占める割合が一番大きい手の指を使っています。感覚が鋭く、サーチする探索器としては一番適任の部位なのです。使うときも感じるときも、脳をフルに使えている器官がこの指先なのですね。

神原　職人もそうですよね。ゼロコンマゼロ何ミリまでわかるという話をよく聞きますから。

保江　そうなのですよ。しかし、残念ながら職人は表面しかわかりません。一方、業捨では奥までわかるでしょう。それがすごいことなのです。ちなみに、機械的構造物の奥までわかりますか？

神原　機械的構造物は、イメージするだけだと思います。カタログなどで見たことがある内容物が、浮かんでくるだけかもしれないですね。

保江　なるほど。

神原　スマホなどは分解をしたことがないので、どこにどんなパーツがあるとか、ＩＣチップがどのあたりにあるとかは、おそらくわからないです。

保江　透視できる超能力者がいますよね。彼らは本当にある程度、物体の透視ができるのですが、体の中を見ることができる人もいるのです。

僕も、そうした人に何人か会ったことがあるのですが、本当に見えているとしか思えません。体に触れなくても、なぜか見えてしまいますし、いわゆる視覚を使っているわけでもないといいます。

僕は自分では体験できないのではっきりとはわかりませんが、業捨の探索の部分はそれに近いもののような気が、だんだんし始めています。

神原　確かに、指先が目の役割をしている気はします。

こすりながら、「なんで腸の部分に変な突起物が出ているんだろう」と思ったり。２回３

回こすっても消えなかったら、「検査してみてください。何かおかしなものかもしれない」と伝えます。それで検査してもらった結果、がんが見つかる人がけっこう多いのです。

保江　ご本人は、がんがある自覚がないわけですね。

神原　ないのです。しかも初期だったりするのですが、指先のセンサーには引っかかるのですね。

保江　指先のセンサーが具体的に何をやっているのかが、興味深いところですね。それこそ、超能力者的な透視というのなら、まだ腑に落ちるのですが。

神原　そうでしょうね。

業捨で劇的な回復力が生まれる

保江　今までは、業捨という言葉で一括りにしてきましたが、おそらく人間が右脳モードで発揮できる、本来持っている力をいろいろ組み合わせた結果、こういうことができるようになった、というのが一つの答えなのかもしれません。

神原　おそらく、原始的なものなのですよね。

保江　そう、原始的。

神原　昔、お医者さんがいなかった頃は、それこそ手当てだったわけじゃないですか。いわゆるヒーラーや、シャーマンみたいな。

しかし、お医者さんという人が出てくると、薬を飲めだの器械にかかれだのと、手当てというものをしなくなりましたよね。

保江　そうそう。僕は子供の頃、おばあちゃんに育てられたので、具合が悪くなって横になると、いつもおばあちゃんがお腹をさすってくれたりしました。あと、お腹が痛いといっても足をさすることもよくあったのです。

それで、ずいぶんと楽になったという記憶があります。おばあちゃんがさすってくれているのは気持ちが良くて……、あれはあれで、手当ての一つでしょう。

神原　もちろんそうだと思います。身内という安心感もありますし、肌に触れられると人は安心するものですよね。

業捨ではない、いわゆるヒーリングの触れ方のほうが気持ちがいいですが、業捨ほどの回復感がないのですよ。ですから、痛くてもこするしかないということです。

保江　「業捨＝痛み」であり、かつ「業捨＝劇的な回復力」なのです。これも僕は、目の当たりにしています。僕の中では、痛みがあれば回復するという条件反射的な感覚が生じているのですね。

岡大の医学部の先生に聞いた話があるのですが、肉体の組織が再生するときには、痛みが必要なのだそうです。痛みがないと、再生が遅れるというのです。

ですから、手術の後に、術後痛があるからといって痛み止めの注射をたくさん打ってしまうと回復が遅くなるので、痛くても我慢したほうがいいというのです。

痛みがあるのは、回復している現れである……、つまり、体が修復できている証なのです。

痛みのない状態での修復というのは、あまりないそうです。

だいたい、痛みの原因というのは、医学的には未だに解明されていません。わかっているのは、痛みがあるところは回復しているということです。回復しようとしているからこそ、痛いのだと。

神原　その箇所が頑張っているから、痛みとして現れているのですね。

保江　そうそう。頑張っているから痛い……、すなわち、頑張らなくなったら痛くない、それはがんのように。がん自体は、痛みを発する組織ではないのです。

神原　がん細胞の周りの、頑張っている細胞が痛いのですよね。

保江　そのとおりです。

神原　筋トレによって筋肉痛になるのが、そういうことですよね。筋肉の組織が膨れて、強くなろうとしているのが筋肉痛です。

保江　今、再生医学とかいうでしょう。再生させるためには痛みが伴うのです。社会組織もそう。会社再生法など、倒産しかけているのを再生させるには痛みを伴いますと。

神原　政治家などは痛みを伴っていませんけれどね。業捨が極度に痛いのは、極度に短期間で再生させるからなのでしょうね。

保江　普通の痛みは、しばらくは続きますよね。

神原　そうですね、シクシクするというか。

保江　それは、時間をかけて再生しているからです。再生している間はずっと痛む。それが、業捨は短時間、施術をしている間だけでもう再生を終わらせてしまうのです。その分、通常よりずっと痛いのだと思います。ですから僕は、業捨の痛みには意味があると思い始めているのです。痛みが凝縮されるからこそ、短期間で回復できると。

神原　破壊と再生が融合している感じかなと思います。

毛細血管の出来の悪いところをつぶしながら、バイパスの血管を作って、全身の細胞に血液が上手く巡るようにしているのかなと……、それがあの業の色として現れているのかなと思ったりします。

保江　確かに、血管のように赤くなりますものね。そう考えたほうが、医者や科学者には理解しやすいですね。

神原　おそらく、毛細血管の破壊と再生なのかなと思います。

保江　確かにそれは、一つの説得力のある説明になりますね。毛細血管を破壊して再生させる、その再生が痛いというわけです。毛細血管の破壊自体は、そうは痛くないはずですから。

神原　毛細血管なんて、ちょっと力を入れただけで切れますからね。

保江　切れますね。年を取ったら、少し力むことですぐに切れますよ。

神原　年を取ると、太い血管も切れたりしますよね。

保江　アメリカの西部劇で見るような、昔の治療って荒療治ですよね。

神原　火で熱した火箸みたいなもので銃弾をえぐり出して、ウイスキーをブーッと吹きかけて、というようなものですね。

保江　フランスのアルボアというジュラ地方の山奥にある村の、ミシュランの一つ星のホテルでフランス料理の修行をしていた、料理人の友人がいました。

皿洗いなどの下働きから始め、修行が進んで魚料理の下ごしらえまで任されたときのことです。

ジュラ山脈の奥ですから、川や湖の魚が多かったそうです。それらの魚を捌いているときに、骨で指をさしたりするでしょう。それで、淡水魚は特に、骨にいろいろなばい菌がありまして……。

神原　雑菌が入りやすい。

保江　そう、雑菌が入って、みるみる血管がどす黒くなっていき、日に日にそれが広がっていったのだそうです。それを見たフランス人のコックの先輩が、

「これを放っておいたら腕を切らなくてはいけなくなるぞ。すぐに処置しろ」というので、

「じゃあ、医者に行ってきます」というと、

「バカ、そんな暇がどこにある」と叱られてしまったのだそうです。

「じゃあ、どうすればいいのですか？」と聞くと、「そんなことも知らないのか。今回は俺がやってやるから、次からは自分でしろよ」といってペティナイフを焼いて、黒く変色したあたりを切り、黒い血を絞り出したといいます。

神原　蛇に噛まれたときと同じような処置ですね。

保江　それで助かったのです。そんなことを、本当に細かい毛細血管のレベルでやっている、というのが、業捨の説明としてもっとも理解しやすいかもしれません。

神原　納得しやすい説明ですね。

超業捨のセンシング機能が悪い箇所を知らせる

保江　しかし、業捨の指をこする動作を止めたら痛くないですよね。

神原　そうですね、止めれば痛くありません。

保江　なぜでしょう。痛みは再生に伴うということだったら、治るまでずっと痛みがあってもよさそうなものですよね。業捨の場合は、指が当たっているときだけ再生しているということなのでしょうか。

神原　通常は、患部が治るまでの期間ずっと痛むのを、業捨では短時間で集中的に済ませているからかもしれませんね。

保江　それと、僕は頭もやってもらっていますが、頭は、他に比べてそんなに赤くなりませんよね。

神原　はい。

保江　頭には筋肉もわずかにありますが、ほとんど皮なのでそんなに毛細血管もないからでしょうか。まあ、もともと容積が小さいこともありますね。

神原　でも、かなり赤くなる人もいます。

保江　そういう人もいるのですね。

神原　だから、こればかりはわかりません。
私も、要は腿とかお腹とかの肉が多い箇所は、血管も多いから痛むのも当然と思ったのですが、人によるところもあるのです。膝の周りが濃く出たり……。肉が多いところというよりも、やはり痛めているところが一番出やすいのです。

保江　膝周りなんて、ほとんど肉がありませんものね。毛細血管も、他に比べれば少ないでしょう。
しかし、なぜトラブルを抱えた箇所がよけいに赤くなるのでしょうね。

神原　施術後に残っている赤いところが濃かったり、面積が大きいところは、集中的に業捨が効いた箇所だということではないかと。

体に触れたときに、奥のほうまで触れているかのような……、磁石のように、悪いところに引っ張られているような。

基本的に、悪いところは痛みが出るのです。患者さんによっては、痛めている箇所を長く施術されたくないので、あえてそこが痛いといわないでいることもありますが、結果、ちゃんとそこでしつこくこすることになりますね。

保江　見事に対応しているのですね。

神原　「何でいわないのにわかるんですか？」と聞かれます。

「私もよくわかりません」と答えますが。

保江　鉄が磁石にくっつくように、神原先生の指先が悪いところに引き寄せられるような感覚があるだけということですからね。

神原　引っかかりを感じたりしますね。

保江　その感覚は、業捨を始めたお若い頃からあるのですか？

神原　始めた頃は集中しすぎていて、どう感じるのかというような捉え方はまったくしていませんでした。心に余裕が出てきたときに初めて、痛いところと引っかかるところが同じというような感覚が出てきましたね。

保江　僕は、創始者の谷原先生にも長年施術をしていただき、その後、神原先生にも引き続きしていただいていますので、その違いというのが少しわかる気がするのです。

失礼ながら、谷原先生はここが悪いとか、ここが問題がありそうだということがあまりおわかりではなかったように思います。

なぜかというと、谷原先生は全身をくまなく施術されていたからです。

すると、痛みがある箇所で悶絶しそうになっても、そこから少し離れると痛みがなくなります。そこでホッとする……、またこすられて痛みを感じる、離れてホッとする……、の繰り返しでした。

谷原先生はおそらく、どの患者にも一定のパターンで施術されていたのではないでしょうか。全身を施術していって、そのうち赤くなっているところは、痛かったところなのです。全身をやるので時間はかかっていましたね。僕も、最初は1時間以上かけていただきました。その後も、やはり30分くらいでは終わらずに、50分くらいはかかりましたね。

ところが、神原先生の施術では、常に痛いところしかなさらない。

もちろん、そのぶん時間は半分以下に短縮されます。ですが、途中にホッとできる時間というのはほぼありません。指が触れていないときは痛くはありませんが、とにかくこすっている間は痛いのです。そこがお二人の大きな違いです。

僕が思うに、神原先生はある次元を超えているのです。悪い場所がなぜかわかってしまう次元に立っているという。谷原先生の技を業捨と呼ぶならば、神原先生の業捨は谷原業捨を超えた、業捨プラスアルファ、超業捨なのです。センシング機能がついているので、技術としては上、進化している気がするのです。

例えば悪いかもしれませんが、戦場でも、めくらめっぽう爆弾を落とす、絨毯爆撃というやり方があります。お金がやたらかかる方法ですね。

一方で、敵がいるところだけにピンポイントに爆弾を落とす方法がありますが、その違いだと思います。


神原　谷原先生を超えるとは思ったこともありませんし、むしろ生涯の目標だと思っております。

過敏性大腸炎の子のときは、わからなかったので絨毯爆撃しました。腸だといっているのに腸ではないと感じたので、じゃあどこなのかと全部探しました。

頭というのが、イメージできませんでした。全身当たっていって、結局頭しか残らなかったので、やってみるとそこだったのです。

保江　ピンポイントでできるようになったのは、最初はわからなかったが、長年の経験の中でだんだんと症例が増えるに従って、右脳モードになっていったということですね。

神原　そうだと思います。

例えば、腰痛といってもぎっくり腰だったり、足からきているものだったり、内臓からきているものもあったりと、いろいろな部位からの影響があるのです。

そういうときにはどこを施術すればいいかというと、腰を中心に全部してみればいいのです。絨毯爆撃になりますが、触ったときにここが冷たい、ではこの流れだな、というような感じで決まっていくのです。

第四章　「『業捨』は技ではなく法力である」

超能力者はスイーツがお好き？

保江　僕が気づいたのは、谷原先生は施術と施術の間に飴を舐めたり、施術の終了後には、日本酒とかビールなど、比較的糖分が高いお酒を飲まれるということです。蒸留酒系は飲まれませんよね。

神原先生も糖分を摂られるでしょう？

神原　施術後には甘いものを飲みますね。僕は蒸留酒も飲みますが。

保江　つまり、糖分を補給しているのでしょう。実は超能力者のバーディーさんもそうで、特に僕が無理難題を振ると、もう、甘い市販の飲料水なんかを飲まれたり。

超能力者はたいがいそうみたいですね。

神原　バーディーさんもそうだったのですか？

保江　はい。みなさん糖分を摂って、特に右脳を活性化させているのです。
業捨の治療は、おそらくセンシングにエネルギーを使うのでしょう。毛細血管をつぶすぐらいなら誰にでもできるかもしれませんが、つぶしてから再生させるのですからね。
先述の触らないヒーリングタッチもそうですが、業捨も、本当に患者さんの体と繋がった施術をなさっている。

こうしてお話しをしているうちに、業捨というものの実体に近づいてきてはいますが、もう決め手になるような用語としては、「超能力」というしかありません。
結局、バーディーさんと同じという。ご自身でもそう思われませんか？

神原　確かに、これはという説明はなかなかできないですものね。

保江　例えば、後継者になれるような若い人をそろそろ見つけたほうがいいと思うのですが、才能を見定めるとしたらどこを見ますか？

神原　異様な集中力とか、固執するものとかでしょうか。

保江　例えば、女性とかに……（笑）。

神原　いえいえ、そういうことではなく（笑）。

例えば、魚釣りが趣味だとして、釣りに必要な道具がありますよね。

その道具をメンテナンスするのに、全部自分で分解して、キレイに洗ってまた組み直したり、自分が使いやすいようにカスタマイズしてみたり。

そこまでやりこむという、職人気質的な性質が一番欲しいところですね。

保江　なるほど。右脳型ということになりますね。

神原　魚釣りは実は私の趣味なのですが、よく正月などにリールを分解して、洗って組み直すのですね。その作業中は、本当に無心なのです。

保江　中今ね。

神原　はい。何も考えていないのです。たまに組み間違えるともう1回分解して……、いつのまにか4、5時間たっていたりしますが、まったく時間が気になりません。
そういうことができるのがたぶん、右脳型人間なのだろうなと思います。

保江　その釣りを趣味にしたのはいつ頃からですか？

神原　小学生ぐらいです。

保江　じゃあ、この業捨をやる前からで、釣りのほうが古いと。

神原　はい。谷原先生には、釣りはやめろといわれたことがあります。殺生になるからと。

保江　でも、釣って放流するのはいいのですね。

神原　私も、食べないものは放流するようにしています。食べる分は持って帰りますが、それは原始的な部分の感覚ですから、自分では問題ないと思っています。

保江　なるほど。

神原　例えば、その魚をさばいて食べるときに、包丁が神経に触れたときの反射運動がありますよね。それも、人体を触ったときに似ている……、リンクする部分があったりします。実はそれも、私の中で必要なことなのです。

それと、道具を分解したとき、例えば0コンマ1ミリメートルのワッシャーみたいなものが左右で違うだけで、リールの巻感がぜんぜん変わってしまうのです。

たった0コンマ1ミリのもので感触が変わるのですから、同じように人の体も、筋膜一枚といったあたりがイメージできるのかな思います。

保江 なるほどね。ちなみに血液型は何型ですか。

神原 O型です。

保江 O型ですか。A型でしたらそのへんの細かさはわかるのですが、Oでそんな細かいところまでこだわるのも珍しいなと思いまして。

神原 Oはハマるとハマりっぱなしです。

保江 ああ、自分が好きなところはとことんこだわる。

神原 納得するまでいきますね。

保江 それは、今のところ釣りのみですか？

神原　いや、以前は空手もそうでした。業捨を始めてからは、手を怪我するわけにいかなくなったのでやめています。

保江　そうですね。手が商売道具ですからね。

神原　突き指や骨折などをすると、仕事にならなくなってしまいますから。

業捨で広がる特別な縁

保江　突き指や骨折で思い出しました。僕が谷原先生の院に通っていた頃、僕がずっと岡山在住だったら広島の院には近くてよかったのですが、今から6年ぐらい前に東京によく来るようになってきたことで、院まで行くのに時間とエネルギーを多く使うことがネックになったのです。

それで、近くにないかなと思っていたところ、灯台下暗しで、群馬で神原先生にお世話になっている、東京の道場に来てくれていた門人がいたのです。

神原　保江先生の『合気の道』が出た頃に、それを持った門人の方が、群馬にもあると聞いたのでと、院にいらしたのです。

保江　その方は群馬にお住まいで、もともとは群馬から岡山の僕の道場までわざわざ来てくれていた人なのです。それで、群馬にも支部を創りたいといってくださっていまして。

神原　私は、「へえ、こういう本を書いている先生がいるんだ」と興味をもって、一度見学してみたいと門人さんに連れていってもらったのです。

保江　谷原先生のお弟子さんということをうかがいましたが、僕はそのときは車もなかったのですね。

その頃はまだ、東京に出てきて教えていただけで、ホテルに泊まっていました。その後、東京に拠点を持つようになり、車も手に入ったところで、「群馬にも、車なら行けるんじゃないの?」と思って初めて連絡してうかがったのです。それが3、4年前だと思いますが、群馬に通うまでの間、ずいぶん何年も業捨をしておらず、久しぶりでした。

でも僕は、創始者の谷原先生のところでほとんど痛くなくなっていたので、もう気楽な感じで行ってみたら、これが痛くて、「もうやめてくれ」と思うほどでした。

もちろん、久しぶりだからというのもあるのですが、谷原先生のときより痛かったのです。先ほどお話ししたように、谷原先生はあらゆるところをくまなく巡っていくので、痛くないときもあるのですよ。途中でホッとできるときがあるのです。

ところが、神原先生は痛いところしかやらないので、ずっと休むことができないのですよ。

神原　そんなつもりはないのですが（笑）。

保江　「もう二度と行くもんか」と思いました（笑）。それなのに、今でも喜んで通っているのには、ちょっとしたエピソードがあるのです。

この話はこれまでの著書にも書いたことがありますが、車で帰る途中に携帯電話が振動して、見てみるとメールの着信でした。それは、普段は連絡をとっていない上の娘からで、「住んでいるマンションを引っ越すことになり、今、不動産屋に来ている。保証人になってほしい」というものでした。

そして、不動産屋の担当者が僕に、今から確認の電話をかけてくるというのです。そういう頼み事のときだけ連絡してくるわけです。

それで、どこかに車を停めなくてはいけないと思ったのですが、片道1車線で交通量もそこそこありますから、道路上には停めることができません。困ったなと思っていると、ふっと見えたお店の前に5台分ぐらいの駐車場があって、空きもあるのがわかったのです。

とりあえずそこに停めると、ちょうど不動産屋から電話がかかってきて、確認が終わりました。

そのまま行ってもよかったのですが、勝手に停めただけになってしまってはお店に悪いかなと、何か買ってあげようと思いました。

店の見た目は、湘南海岸でよく見かける、サーフショップのような感じでした。

しかし、ドアを開けてみると意外なことに、散髪屋だったのです。

その数日前に、東京で初めて行った散髪屋のおばあちゃんに、ひどい髪型にされたところでした。寝ている間にひどく短くされてしまい、もう二度とその散髪屋には行かないぞと心に決めていたのです。だからそれ以上は切ってもらう気もなく、仕方がないので、「髪は切らないで、ちゃんとしてくれ」とお願いしたのです。

「うちは散髪屋なので髪を切るのが仕事ですけれども」といわれたのですが、

「いいから切らないで、切る以外で一式お願いします」というと、洗髪してくれたり、髭をあたってくれたりと、よくしてくれたのです。

神原　とんちみたいなことに対応してくれたのですね。

保江　それに、なんだかそこは居心地がいいのです。ちょっと変わった散髪屋さんで……。

神原　面白い人が集まるのですよね。

保江　ご存知なんですね。

神原　保江先生が寄ったというので、私もそこの散髪屋に通うようになったのです。

保江　そうとは知りませんでした。

神原　以前は、別の床屋に行っていたのです。ところが、床屋の主人が亡くなりまして、子供が行っている家の近所の店に半年ぐらい行っていましたが、もっと楽しいところがないかなと思っていたのです。

保江　神原先生の施術所からすぐですからね。何か気分がいいところで。

僕の車が岡山ナンバーだったので、岡山から来たのかと聞かれ、東京に住んでいるが、ちょっと業捨というのを受けにきたといったのです。

すると、「何ですかそれ」という話になりまして。こんな感じの施術で、やるとめちゃくちゃ痛いのだと伝えると、店主が興味深々になりました。

「業捨施術所」と書いてある看板が出ているというと、「ああ、あったあった！」とピンときて、場所は知っていたようですが、いったい何をするところなんだろうと思っていたそうです。

そんな話をして盛り上がり、お店の雰囲気もよくて、帰りの関越道を走りながら、ふと考えました。

散髪は、月に1回くらいは行かなければなりません。先ほどの散髪屋ならカットも上手くやってくれそうですし、散髪屋に来たときに業捨もやれば、群馬までの片道2時間半、関越道の高速道路代を払っても、費用対効果は悪くないと思ったのです。

それ以来、その散髪屋に行き始め、業捨もそのときに受けるようになったのです。

神原　うちがおまけですね（笑）。

保江　その散髪屋には、全国から面白い人が集まってくるのです。

あるとき、女性の能力者で、ヒーラーという方がいらっしゃいました。

散髪屋の店主がぜひとも僕に会わせたいということで、僕が予約を入れている日にわざわざその女性も来てお会いしたのです。

霊的治療というので、どんな風にやるのかを聞くと、その場でデモンストレーションしてくださることになり……、そのとき、神原先生もいらっしゃいましたよね。

神原　いました。

保江　業捨を受けた後、散髪屋に常連さんたちが集まり、その女性のデモを見てみようということになりました。

僕の知り合いの小学校の先生ご夫妻も来ていまして、ご主人のほうがちょっと具合が悪いところがあるということでその霊的治療をやってもらったら、もうすごいのです。

それこそ霊能力で治療をするのですが……、何かよくわからない（笑）。

神原　今思うとあれは、オーラやチャクラを癒やすという、ボディーヒーリングの一つかと思います。

保江　触らないでこう……何かしらをやっていて、まさにあれがヒーリングタッチですね。そして本当に、その小学校の先生は治ってしまいました。

そのときにヒーラーさんは、

「健康診断には絶対に行きません。行けば必ず生活習慣病か糖尿病だといわれるぐらい血糖値が高いのですから。それは、治療のときにチョコレートや飴を食べたり、甘いものを飲んでいるからだと思います。それじゃないとやっていけないのです」といっていました。特にふくよかな方でもないのに、血糖値がすごく高いといわれるという。

能力を使うと、脳が糖分を消費、欠乏するので、甘いものをたくさん摂るのですね。

脳は糖しか栄養として摂取しません。血液中の糖分を増やすことで脳を活性化して、そういう超常的な霊能力、超能力を発揮する、右脳モードにするということを、その女性もやっていたのですね。バーディーさんしかり、谷原先生、神原先生しかりです。

業捨は右脳を使う特殊能力

神原　あとひとつ。能力者にはなぜか、タバコを吸う人が多くないですか？

保江　確かに多いかもしれません。ニコチンも脳に行き、血液脳関門を通過するからでしょうね。

神原　谷原先生もチェーンスモーカーですし。

保江　チェーンスモーカーでした。バーディーさんも吸います。
そもそもタバコとは、アメリカインディアンのシャーマンが使っていましたから。

神原　そうですよね。大麻の葉のようなものを巻いているのを映画などで見たことがあります。

保江　やはり、脳を活性化させているのでしょうね。

神原　自分への幻覚作用を増幅させているのでしょうか。超常現象のイメージを強めるといいますか。

それから、落ち着けるというのもありそうですね。緊張緩和とか。

保江　緊張をほぐすために吸うというのは聞きますね。

神原　お薬的な意味合いですよね。

保江　しかし元々は、アメリカインディアンが大いなる神秘と対話をするために使っていたのです。

神原　神降ろしをする人たちもたいてい、スパースパーとやっていますよね。

保江　何かあるのでしょうね。確かに、特殊能力を発揮させる人には喫煙者が多いです。甘いものとタバコ。お酒もそうですが。

神原　ガンガンに飲む人もいますよね。

保江　糖分が入っているお酒ですね。日本酒とか、ワインやビールでもいいですし。

神原　分解されれば、アルコールは糖分になりますからね。

保江　ですからやはり、業捨は特殊能力なのです。特に右脳を使うのでしょう。センシングでは、余計に使いそうですね。

谷原先生のように絨毯爆撃で、あらゆるところをとにかくあたるというほうが、ピンポイントよりは楽といえばそうかもしれません。

神原　頭は楽かもしれませんが、身体は大変です。

保江　だから、谷原先生は終わってからお酒は飲まれていましたが、甘いものはそんなにといった印象があります。

神原　どちらかというと、後半はビールを飲みながらめかぶを食べていらっしゃることが多かったですよ。

保江　そうですね。あと、田舎だからお寿司のシャリが大きいのです。それも、糖分になります。それに、岡山や広島は、酢飯が甘いのです。

谷原先生の場合はそのくらいで糖分が足りていたので、いわゆる甘味はそれほど好まれないのでしょう。

やはり、業捨も霊的特殊能力というのが一番落ち着きますね。

業捨に向く人、向かない人

保江　そして、先ほどのお話のように、後継者を見つけるとしたら何かに没頭できる人が望ましいと。

神原　没頭できるタイプです。

保江　つまり、中今になれるということ。今の若者は、ゲームに没頭しますよね。あれも中今になっているのかもしれませんね。

神原　中今でも、体を使わなくてはどうしようもないですね。業捨は意外と体力が要りますから。ゲームばかりやっている人だと、おそらく体力がもたない。

保江　釣りはどうですか？

神原　釣りもいいですが、スポーツはいいんじゃないでしょうか。ただ、スポーツや、武道もそうですが、凝り固まりすぎてはだめなのです。柔軟な感じがないと。

保江　例えば中学生から、大工さんとか左官さんなど、職人の弟子になっているような人はいかがでしょう？

神原　手の動きが重要という職人さんですね。向く人もいそうです。逆に、こういう人はダメかなという条件はあります。

保江　どんな人ですか？

神原　整体や医療を学んだ人です。その知識に縛られてしまうのですね。

保江　なるほど。では解剖生理学はよく知っていても、その知識が邪魔をするということなら医師はダメですね。

神原　ダメだと思います。例えば、関節が痛むリウマチがありますよね。リウマチの患者さんが病院に行けば、ステロイドのような炎症止めの薬を出されます。しかし、そういう方がうちに来たときに、その箇所に業捨を施しても意味がないのです。原因を探ると、問題の箇所はたいがい腸と脳だと感じます。そこに手ごたえがあるのです。

保江　リウマチがですか。意外ですね。

神原　腸をやってみたときには若干の手応えがあって良くなったのですが、まだ足りない気がしました。そこで、腸と何が連動しているんだろうと思ったときに、腸の細胞と脳の細胞は確か類似しているなと思い出したのです。

保江　ああ、そうですね。

神原　それで、「患部ではなく、脳と腸に施術してちょっと様子を見させてもらっていいですか」と了承を得て頭と腸をやったら、炎症が治まった方がいました。

ただこれは、私のイメージからそういう施術にしてみたことであって、医療の知識がある人であれば絶対にこの流れにはならないでしょう。

だから、固定観念的に医療知識のある人には無理だろうと思います。整体をやっている人も向かないと思います。

私は、自分に業捨をすることはできないので、疲れを癒やすためにときどき整体を受けにいきますが、説明が多いですね。そんなときには、

「私は筋肉の名前の勉強をしに来ているのではないので、治るか治らないかだけいってくれますか」と聞いてしまいます。

筋肉がどうだからとか、ここの筋が張っているからなどといわれますが、ほとんどの場合、治せない言い訳にそれを使っているように思います。

私の施術では、この箇所ですというだけで、筋肉の名前などはいいません。そもそも知ら

ないので、

「ここの筋が伸びればおそらく大丈夫です」という感じで話をします。

筋肉や体の仕組みについての特別な勉強はしていません。

中学生の理科ぐらいまで……、静脈動脈や、このあたりにはどんな部位があったという、説明に困らない程度には覚えていますが……。せいぜい、高校の理科くらい知っておけば十分ですね。

あとは、自然界の生き物をいじったときとか、魚をさばいたりしたときなどに、何か感じるものがあればイメージ的に繋がるかなという感じです。

保江　なるほど。でも本当に、後継者問題は難しいですよね。

神原　難しいですよ。

保江　息子さんには、そうした気配はありませんか？

神原　次男は就職したばかりで、後を継ぐということには興味がないようです。長男は大学生で、三男は高校生ですから、仕事についてはまだわかりませんが。

保江　三人お子さんがいらっしゃるのでしたね。

神原　はい、全部男です。

保江　宰丸が割れたのに……（笑）。

神原　そこは復活させていただけました。業捨のおかげです。

保江　あらためて、業捨大事ですね。

業捨で男性能力が復活した経験談

保江 そんな向きの話が出たから聞きますが、生殖能力がだめになった男性を業捨で復活させることはできるのでしょうか？

年齢とともに能力がなくなったとか、何かの事故でそういう機能がダメになったとか。

まあ、バイアグラが必要になるような人、いわゆるＥＤと呼ばれる人についてです。

神原 施術で大きな効果が現れる人もいます。父の同級生が、まだ私が業捨を始めたばかりの頃、そうした内容で来たことがあったのです。

保江 おいくつくらいの方ですか？

神原 60過ぎから、60代半ばぐらいでした。

保江 復活させてくれと来たわけですか？

神原　「元気がないと寂しいんだよ」とおっしゃるのです。私が睾丸をやっていただいたときには下腹が中心だったので、同じような箇所をやりました。

3、4回したときに、「朝、元気になったんだよ」と喜んでいました。他にも、今、通われている方も、「バルブがだいぶだめになってきたのでなんとかならないか」といってこられました。施術をすると、やはり朝、元気になったといっていましたね。

保江　ご本人たちは喜んでいらっしゃるでしょうね。

神原　はい、とても喜んでいます。「それで、使い道は？」と聞くと、「これから考えるよ」と。

保江　では、やはり復活させることができるということですね。

神原　つまり、細胞を活性化させられるわけですからね。若返らせるようなことも、ある程度はできると思います。

ただ、前立腺が肥大しすぎている人には効かないかな、というイメージはありますね。

女性のほうでは、閉経後なのに生理がきちゃったという人もいます。

保江　そんな方もいらっしゃるのですね。

神原　「もう、生理用品を捨てたのに」といっていましたよ。

保江　それは、その目的で業捨をしたわけではないのでしょう？　別の目的で業捨をしたら結果、そうなってしまったということですか？

神原　全身の細胞の若返りになったから、ということでしょうね。

保江　ということは、例えば、がんとか何かの病気などで痛むようなところがなかったとしても、若返りやアンチエイジング目的で業捨を受けてもいいのですね。

神原　いいのですが、最近はそういう方も多くなりすぎて、予約がいっぱいになってしまいます。僕の体が一つしかないので……。

保江　そういう場合は人助けの意味合いが薄れ、その人の自己満足を満たすお手伝いをするだけになってしまうので、あまりやりたくないということでしょうか。

神原　やりたくないということではないですが……。変な話、それもご縁だと思っているのです。

電話を取ったときに、そのまま予約を入れてしまうということもありますし、逆に、どんなに食い下がってきても、スケジュール的に難しくてすぐに予約ができないので、相手側の電話番号を控えておくこともあります。その後、あんまり時間が経ちすぎてしまうと今度は逆にこちらからかけづらくなってしまったり。
たまたまキャンセルが入ったときに、そのタイミングで他の方から電話が入って予約になるのもご縁だと思っています。
ですから、明確な選び方はしていません。ただ、予約の状況次第でお受けすることができないのはご了承いただきたいと思います。

保江　かなり先まで予約がいっぱいなんですよね。

神原　いっぱいというか、新規の入れ方が難しいのです。

保江　ではほとんど、リピーターさんだけでいっぱいになっているのですね。

神原　リピーターさんが多く、その上に新規の予約を入れてしまったら、自分の体を休ませる暇がありません。また、新しく入った方が続くのかもわかりませんので、もし続く方が多いと、食事の時間もとれなくなってしまいます。

施術では、自分もだいぶ削られてしまうので、少し隙間を空けておかないとリカバリーができなくなります。

保江　あの谷原先生ですら、週5日をご自身のリカバリーのために費やしていましたからね。

神原　谷原先生は、若い頃は金土日を東京でやっていらっしゃいました。

保江　若い頃は、連日なさっていたのですね。

神原　それで、飛行機での移動日が休みという感じでした。平日に広島でやって、金土日に東京に来てという。

保江　じゃあ、お年を召してから土日のみになったということなのですね。

神原　そうです。

「もうそんなには動けないんだよ」とおっしゃっていましたから。

保江　僕としては、アンチエイジングというのを前面に掲げたら、もっと業捨というものの知名度が上がり、いろんな人に来てもらえる可能性が高くなると思うのですが……、逆にたいへんになってしまうのですね。

神原　ただ、そういう方のほうが、背負っている重さがあまりないので私は楽です。やはり、余命があとどのくらいだから、何とかならないかという人のほうが重いですよね。

保江　アンチエイジングという形でもっと気楽に、雑談をしながらのほうがストレスも少ないですよね。助手的な人にも手伝ってもらって。

神原　助手ですか。

保江　つまり、アンチエイジング専門でのお弟子さんですね。センシング能力がなくても、毛細血管を潰した後は、勝手に再生させられるという。

神原　おそらく、その加減などを事細かに教えることがまた難しいと思います。

アンチエイジングに期待を寄せる

保江　僕は、人から年齢の割には若いといっていただけるので、自分がアンチエイジングを必要としているわけではありません。

では、自分は何をやっているかと考えてみても、特段何もしていないのですね。

おそらく、中今になっている時間が長いのか、子供じみたことしかやっていないからなのか……。そして、実際、業捨を再び受けるようになってから、若いねといわれることも増えた気がしています。

同級生が集まってみると、みんな老けて見えるのです。まあ、一般的には歳相応なのかもしれませんが、「何でみんなこんなに歳がいっているように見えるのだろう、できることならアンチエイジングの方法を教えてあげたい」と思っています。
業捨というものは、誰にでもできるアンチエイジングの、何かしらのきっかけになるような気はしているのです。
業捨は、自分にはできないのでしたよね？

神原　自分で自分にできたら、私も苦労はしません（笑）。

保江　「教えてください。弟子になりたいんです」という人は来ませんか？

神原　いることはいますが、僕より年上の人が多いのです。

保江　それでは後継者にはなりませんね。

神原　私より先に引退されてしまいますからね（笑）。
年配者は、今の生活が嫌で、人の体をこすっていればいいということの施術は楽そうだなという、そんな人が多いです。今している仕事が嫌になっている人ですとか。

保江　楽そうに見えるのでしょう。柔道整復師や鍼灸師のような試験もありませんし、すぐにできそうに思えるのでしょうね。道具も要りませんし。

しかしそれは、現実逃避の一種ですね。人のためにという精神からではないでしょう。

神原　そうです。そんなに簡単でしたら、20年以上も一人だけでやっていないですよ。

保江　でも、若者はあまり興味を持たないでしょう？

神原　それが辛いところですね。若い人はまだ体力もあるし、健康な場合がほとんどなので、まだ自分のこととしては捉えづらいし、興味が湧きづらい。

自分が谷原先生に「合っている」といわれたときのことを考えてみると、空手をやっていたのもありますし、神仏に興味をもっていたというのもあります。

親父の付き添いで神社仏閣をよく廻ったりしていましたが、仏様といわれても、実際に何を拝んでいるのかわからなくて、各神話などを読んだり調べたりしました。
どこからどのような流れがあったのかも知りたくなったので、神様の系譜のようなものを書き出してみたり。

保江 なるほど。ただ、谷原先生は神原先生の手を見て、「君の手ならできる」とおっしゃったのでしょう？
そのときには、手を触ったりもされたのですか？

神原 1回手をもたれて、じっと見られてから「これなら大丈夫だ」といわれたのです。

保江 谷原先生が直に手をもって、じっと見たのですね。
そのときに、何がどうだから大丈夫という説明はあったのでしょうか？

神原 どちらかというと、指の形についていわれました。
端が尖っているような、スコップみたいな爪をしている人はだめだとおっしゃいました。

私は、爪が綺麗なほうといわれるのですが……。

保江　長いし綺麗ですね。

神原　谷原先生は一見、無骨ですが、見せてもらった爪の感じが似ていました。別に爪が直に体に当たるわけではないのですが、おそらく、傷をつけないような形なのでしょうね。四角かったり短かったりすると当たりが悪くて皮膚が削れてしまう、要は引っ掻いてしまうのでしょう。

保江　谷原先生も、患者さんには上は白いTシャツ、下はストッキングを着てもらっていたでしょう。神原先生も、今もそれを踏襲されていますよね。

それ以外のものはお考えにはならなかったのですか？　例えば、直にやるとか……。

神原　直だとやっぱり、爪が当たった場合に傷がついてしまうでしょうね。

血が出てしまうと医療行為になってしまい、その資格がないと法律で罰せられるのでできません。

保江　Tシャツ以外のものは試されましたか？

神原　試しました。

しかし、やはり縦糸横糸がしっかりしているTシャツのほうがいいですね。やりやすさが第一です。

保江　僕も、谷原先生に戴いたことがあります。あのTシャツは、綿ではなくて絹なのかと思うぐらい密なものでしたね。

神原　そうです。

保江　滑らかで、スムーズに指が動くのです。でも木綿でしたよね。

絹でされたことはありますか？

神原　シルクですね。高いので、普段の施術には不向きに思えます。逆に摩擦で指が熱くなったという覚えがあります。

保江　そうですね。シルクのほうが実は引っかかるのです。

神原　とてもよい肌触りだなと思いながら試したのですが、「あちっ」という感じがしたと思います。

保江　そうか、シルクは熱を持つのですね。

神原　そう。指の摩擦が自分に返ってきてしまう感じがするのです。

ものによって、タッチが緩和される素材と、出てきたなにかがそのまま跳ね返ってきて指が痛くなるような気がしたり、よくわからないものもあります。

できそうに思えるものは、なんでも試したりはしますね。

業捨のバリエーションを考える

保江　例えば、つまむとか押さえるとか、指圧のようにされたことはありませんか？

神原　自分の体にはよく、指圧のようなことをしますが、業捨ではこすらないとやはりダメですね。押さえるだけだと、単純に跡が付くだけですから。

保江　押さえているだけでは、奥のほうを探知するのも難しいかもしれませんね。

神原　ピンポイントで止まっているので、探知は難しいですね。

保江　動きの幅が要るのでしょうか。

神原　ソナーって動いていますよね。あれも波の音を出して跳ね返り、出して跳ね返りで探知ですから……。そして、ずっと動いているほうが映像化しやすいですね。

保江　なるほど。

神原　点でやるとすると、高低差も何も起きないのでわからないのです。

お客さんでも、歴の長い人だといろいろと試す人はいますよ。飲み会があったときに、一升瓶に業捨してみてくれとか……。味が変わるかもしれないからというのです。

保江　瓶を業捨するのですか？

神原　ええ。酔っ払っているから本当のところはわからないと思いますが、何か味が変わったぞとかいって騒いでいる人もいました。

一応、気分的にストッキングをかぶせました（笑）。

保江　（笑）じゃあ、大根にストッキングをかぶせてシュッシュッとやったら美味しくなりますか？

神原　味が変わるかもしれないです。美味しくなるかならないかは、個人の味覚もありますからはっきりとはいえませんが、ジアスターゼが活性化するのか減るのかという感じだと思います。

保江　果物なども、腐りにくくなるとかあるでしょうか。

神原　果物はやったことがないですが、音響マニアの人に、スピーカーに繋ぐケーブルにやってくれといわれたことがあります。音の通りがよくなるだろうといわれまして。

暇なときだったので、まあいいかとやってみると、音が良くなったと喜ばれたのですが、私には全然わからなかったですね。

保江　車はどうでしょう。

神原　大きすぎますから……（笑）。

でも、中に金属が入ったケーブルでは、指に跳ね返ってくる感じがすごく痛かったです。通るというよりは、跳ね返ってくるという感じでした。金属だからでしょうね。

保江 僕の事務所にあるポールダンスのポールなんかはいかがでしょうか？

神原 ああいう無垢なもののほうが、中に入って跳ね返るので反応が感じられるかもしれません。

保江 表面ではなく、中から反応がある、ということなのですね。

神原 表面はツルツルですから、とりあえず抵抗はないのですが、抵抗を感じながら下に入ると奥を感じて、余計に痛いのだと思うのです。

かゆみや筋肉の病の原因を探る

保江 なるほど。それから、人間の感覚にはかゆいというのがあるでしょう。

神原 痛みの親戚のかゆみですね。

保江 人間はもちろん、人間以外の動物にもかゆいというのはあるみたいですね。前後の足で首筋などを掻いていたり。

あれは、体に何が起きているのでしょうか。なぜ、かゆいという現象が起きて、その患部を引っ掻きたくなるのでしょうね。

神原 それはおそらく、毒出しの延長だと思います。というのは、蚊に刺されたときには、蚊の毒が入っているじゃないですか。

保江 それでかゆくなるのですね。

神原　虫に刺された場合は、おそらく掻いてそこの血行血管をつぶすことで、そのかゆみの成分を外に出そうとする機能があるのだと思います。

保江　刺されていなくても、何かかゆい気がして掻くときもありますよね。

神原　例えば頭でしたら、毛穴がふさがっていてかゆくなるというようなことですね。

保江　乾燥すると、皮膚がかゆくなるときがありますね。

神原　肌の代謝を手伝うための感覚かもしれないですね。乾燥している部分の皮膚を剥がすためにかゆくなるということになるでしょうか。

皮膚病の方も、もちろんかゆみを伴いますよね。

すでに引用しましたが、谷原先生は、皮膚病についてご著書で次のようにおっしゃっています。

＊＊＊＊

肝臓や腎臓が弱ってきますと、体毒を排出する機能が低下します。しかし、体毒は放っておけばますます、身体を侵し続け、病状は悪化するだけです。そこで、身体には、それにかわって、体毒を体外に排出する別の道を自然と探します。そして、体毒を肛門から排出しようというのが痔であり、皮膚から排出しようとするのが、皮膚病なのです。

ですから、持病や皮膚病は第二の肝臓、腎臓なのです。それは、体毒を外に排出し身体と命を守っているのです。

痒いところは掻いていいのです。掻けば皮膚が破れ、血が出てきます。しかし、これは血ではなく、肝臓の臓器で排出できなかった毒素なのです。

＊＊＊＊

それと、谷原先生は、最近の新型コロナウイルスなどの感染による伝染病については、次のように書かれています（『悪業を抜き病を治す！　業捨』）。

＊＊＊＊＊

業捨と伝染病の関係

伝染病は抗生物質の発見により、ある程度撲滅出来たようですが、未だに多くの伝染病は撲滅できないようです。

一つ処理出来たかと思うと、又新しいのが出て来る。最近のエイズがそうです。そして、新しく出てくる菌ほど治療は難しいものです。何故難しいのか、私に言わせれば、薬、抗生物質だけに頼る考えしかないところに、大変な落ち度があるのです。こんな半端な考えで、医学が進んでも、所詮イタチごっこに終わってしまうでしょう。

抗生物質プラス体力がなければ体内の伝染病は根絶出来る筈がないのです。体内に入った殆どの伝染病は、抗生物質で治ったように思われていますが、そうではない。それが証拠に体力が落ちると又出てきます。最近の有名人の死が物語っているように、癌で亡くなったように報じられていますが、実際の死因は伝染病にちがいありません。いかに抗生物質で押さえていたにしても、体力の衰えと共に、病原菌に負けてしまったのです。

特別虚弱な人を除き、自分なりに健康であれば、伝染病に感染しないように身体がそうなっているのです。身近な風邪がそうです。元気であれば風邪なんかひくものではないのです。たとえ風邪をひいたからといって、実際のところ風邪薬なぞ、全くないというのが正解でしょう。風邪薬さえも発見されていないのに、エイズの薬を考えようとするのはどうかと思います。

あの恐ろしいとされているエイズでさえも、菌自体は弱いもので、自身に体力があれば感染しません。その良い例が胎児に感染する割合が五分五分だと言い、年齢が高いほど感染率が高いと言うではありませんか。規則正しい生活をして、健康であれば伝染病といえども、それほど恐れる必要はないのです。もっとも、そうは言っても口で言うほど簡単に規則正しく生きられるものではないでしょう。人間、生きている以上、大なり小なりの悪業を積むのは仕方のないことなのです。その結果、年を重ねるに従って悪業も増えて体内に溜っていくのですから年長になるほど、体力は大なり小なり落ちていくことになるのです。

抗生物質の力を借りるのも良いでしょう。しかし、転ばぬ先の杖である業捨の法力によって自身の自力で防ぐ事が先決です。それでもまだ解決できぬ時、薬の力を借りることも必要と言えましょう。

薬は体内に侵入した菌を殺す薬と、身体を元気にする薬に分類することができます。しかし、菌を殺す薬、つまり抗生物質は有効であっても、身体を元気にする薬は全然効きません。たとえあったにしても一時的に身体をびっくりさせただけで、効いたのではありません。いずれにせよ薬には副作用が付きもので、ついには体内に残留し、悪業に化けるだけです。服用しないのに越した事はないようです。

＊＊＊＊

保江　なるほど、わかりやすいですね。現在の伝染病にもぴったり当てはまる内容です。

それから、僕くらいの年齢の知人は、目を患うことも多いようですが、目はなさったことがありますか？

神原　白内障などは水晶体の濁りなので、おそらくだめだと思います。歯と一緒ですね。

保江　虫歯と一緒ですか。

神原　ガラスがこすれて傷ついたのを磨きなおすというのは無理だと思うのですが、眼精疲労とか血管の落ち込みである場合は、改善できそうですね。

保江　涙腺とか。

神原　涙腺はけっこう、復活する人が多いですね。

保江　その場合は、どの辺をやるのですか？

神原　目の周りの骨あたりを狙いますね。眉毛の下のところとか、頭蓋骨の目玉の周りの縁までやる感じです。

保江　耳たぶは？

神原　耳たぶはあまりやりませんね。おそらく、しもやけみたいにかゆくなってしまうと思います。

保江　よく、鍼灸では耳にいろんなツボがあるといいますよね。

神原　足と耳にあるとよく聞きますね。

保江　そうした鍼灸の技法と業捨は、かなり違いますか？

神原　はい。例えば肝臓に効かせたいときに、ダイレクトに肝臓をやるほうが早かったりします。耳をやるといっても、それがどこに響くかはよくわからないのですね。

保江　顔面神経痛などはどうですか？

神原　あれも、おそらくストレスからくるのではないかと思うので、頭をやっていったほうが治りがいいと思います。

保江　まあ、現代人のほとんどはストレスが多いから、頭なのでしょうね。

神原　ほぼほぼストレスだと思います。医療関係が原因不明といっているもののほとんどが頭に起因したものだと思われます。

保江　ということは、絨毯爆撃的でもいいから、頭だけは定期的に業捨をするといいということですね。

では、とにかく現代人向けということで、ベッドに横にならずに椅子に座らせて、10分間だけ、などというのはどうでしょうか。

ストッキングを頭にかぶせてシュッシュッと頭のすべてをこするという。

神原　できますが、頭は丸いので角度をきめることが実は一番難しいのです。正直、他の部位は肉なので、いくらかずれても当たってくれます。でも、頭は角度が外れたらうまくこすれなくなってしまうのです。

保江　では、助手にやらせるわけにもいかないですね。

神原　助手ではもっともできないところだと思います。まあ、頭はやったほうが絶対にいいとは思いますけれどね。

保江　そう思います。僕も、頭をやってもらった後は気分がよいですから。

神原　ＡＬＳという筋肉の病は、原因不明といわれていますよね。ＡＬＳの患者さんもいらしているのですが、絶対に脳だろうと思っていました。

その方は、最近のＡＬＳの研究では、やはり脳の基礎的な何かがずれていることが原因になっているといわれたとおっしゃっていました。

保江 頭といえば、金属のローラーでゴロゴロするものがありますよね。頭皮の上からゴロゴロさせて、刺激して髪の毛を増やすとか……、そんなものを売っているでしょう。

神原 私も髪が薄くなっていますが、自分の頭で復活させないと説得力がないですね（笑）。まあ、自身にはできないのですが。

保江 髪の毛は復活しなくても、とにかく業捨の代わりになるような金属製のローラーで凸凹角度をまんべんなくできるようなものがあれば……。

神原 そういったローラーのようなものは、鍼灸のほうでもう売っていますね。

保江 効果はあるのでしょうか。

神原　絶大な効果があったらもっと、世の中でもてはやされていると思います。もう何十年も前からありますよ。私もやりますけれど、効果はあんまりかなと思います。鍼灸の勉強をしていないので、わかりませんが。

保江　やはり、道具などを使えるようなものではない、指から出る右脳モードの何か……超自然的な、特殊な何かが必要なのですね。

リラックス状態の右脳モードでできること

神原　先生の合気と一緒で、人の体に触れているときに、その人の体を支配している部分があるのかもしれないです。

保江　結局は、そこに行き着くのですね。

　バーディーさんも同じです。右脳モードのいわゆる超能力的な特殊な力で、スプーンも曲がったりするのですが、業捨をされている先生がスプーン曲げをできるとは限りませんよね。

神原　できればいいのですが、できません。

保江　バーディーさんが業捨ができるとも限りませんし。

神原　右脳というのは、使い方にものすごく幅があるということですね。

保江　すべてをオールマイティにできたらすごいのですが、それはまずないでしょうね。

神原　ないですね。

　でも、保江先生とバーディーさんの共著（＊『マジカルヒプノティスト　スプーンはなぜ曲がるのか』明窓出版）を読んだところ、自分とリンクしている、または同じかなと思うところがけっこうありました。

私は、人の調子がよくなるからやっているみたいなところがあります。バーディーさんも、それができるからやっているという感覚がありますよね。

保江　できちゃうからやるということですね。

神原　それなんですよ。

「何でできるかはわからないけれど、できちゃうんだよね」という。

リラックスしているモードだと、いわれたことはだいたい何とかできてしまうことが多いです。

若い頃にうちにいらした少し有名な人に、この人に認められたら紹介が増えるんじゃないかなという欲が出たときに、左脳になってしまって失敗しました。当時は、右脳とか左脳とかの考えはありませんでしたが。

保江　欲が出るというのは、左脳モードですからね。

神原　冷静ではなかったのですね。

保江　いわゆる、自我意識が前面に出たらだめなのですね。無意識のようでないと。電車で座っていて、お年寄りがふっと入ってきたときに、「譲ってあげないといけないかな」なんて考えていたら、「年寄だと思われていると察して、気を悪くするかもしれないしな」とか逡巡してしまい、もう譲れなくなりますね。

無条件に、無意識にすっと立ち上がったときには、「どうぞ」と譲れるのです。

そんなときは、相手も「ありがとう」といってすんなり座ってくれるのですが、延々考えた挙句に「どうぞ」と立っても、「いやいや、いいです」とか断られてしまいます。

神原　そんな一連の流れですよね。その流れに上手に乗れているか、乗れていないかだけだと思うのです。

保江　そうですね。

神原　不思議ですね。これは解明できるのでしょうか。

保江　難しいでしょう。バーディーさんの超能力を解明するのに、松果体うんぬんといったところで、屁理屈にすぎません。結局、合気だっていまだにわからないのです。

神原　できちゃった人ができているだけ。

保江　そうとしか考えられませんね。結局、間違いのない答えはそれなのです。

神原　そして共通するのは、全員インチキだと思われがちということです。

保江　そうそう。そのとおりです。

神原　26年もやっていると、インチキ扱いも慣れました。それでも頼ってくる人がいるので、やっているだけです。インチキだと思うなら、来なければいいと思います。

まあ、そういうことをいう人は、もともとうちまで来ませんが。

保江　ネットで叩かれるということもよく聞きますが、ネットではハンドルネームで投稿できるでしょう。本名でしか書き込みや公表ができないということにすれば、そんな馬鹿げたことはやむのにと思いますね。

神原　誹謗中傷は本当に減るでしょうね。

保江　本当はそうすべきなのですが、おそらくアクセス数が激減して儲からないので、結局は変わらないのです。

ですから、そんなのは放っておけばいい。気にしていたらやっていけませんからね。

神原　相手している暇がないですね。25年経ってみると、メンタルは6年目くらいでだいぶ強くなりました。初めの頃は誰も味方がいませんでしたから、ストレスを感じることもありましたが。

「『業捨』は技ではなく法力である」

神原　私の施術所の場合は、紹介をされた人がまた紹介をしてくださって、だんだん枝分かれして伸びていくような感じになっています。
元になった人から、本当に一本の木のように広がっていますね。

保江　谷原先生のところにも、お近くの人はほとんど誰も来ませんでした。敬遠されていたようです。

おまけに、組のボスが患者さんとして黒塗りのベンツでやってきたり。そんな人でも、あたりまえですが具合が悪ければ頼ってくるのです。

そういう人たちが、

「先生、もうちょっとこれ高くていいよ」といって、大きい金額を置いていくのです。

神原　よく、うちに来られる方々から、「広島の先生は高額ですね」といわれます。
あれは、テレビや雑誌で紹介された後、人が増えすぎて、本気の方を見極めるために、入会金を10万円、1回3万円と高めの設定にしたのです。

ネットでは、1回13万円と書かれていることもあるようですが、実際は、それは最初の1回目だけの入会金込みの金額でした。それ以降は、たくさんの金額を持ってくる方がいても、返金していたようです。

保江 僕にはすごく安くしてくださっていたのですね。入会金は払っていませんし、ずっと2万円でした。

入会金10万円というのは、最初に矢作直樹先生から聞いてはいました。そこで、「大学の教員は貧乏なんです」というと、谷原先生は、「そんなものなんぼでもいいんだよ、気持ちだから」といってくださって。

それで、僕は毎回2万円しか払っていませんでした。

神原 先生は、宗教法人も持っていらっしゃいました。お寺の管長です。

保江 そうでしたね。ご自分でお寺を修復なさっていました。お寺を修復すると、穢れを祓えるということで。

神原　はい。そうして穢れを清めながら頑張られていた谷原先生の名誉もありますし、業捨がいい加減な話で一人歩きしていることもありますから、今回の出版はとてもありがたいですね。

保江　そういえば、業捨という名前を勝手に商標登録した人がいるようですね。自分ではできないのに、業捨をやる人に、その名称を使うなら使用料を払えということです。

神原　私のほうにはまだいってこないですよ。

保江　僕はその話を、谷原先生や矢作先生から聞きました。

神原　私が谷原先生にお伝えして、ご相談したのです。そうしたら、「わしが作った言葉じゃけ、そんなのは気にせんであんたは使っていればいいんじゃ」といわれまして。

谷原先生が昭和62年に出版された、『悪業を抜き病を治す！ 業捨』という本では、次のようにあります。

＊＊＊＊

（前略）

「痛いことないじゃろうが、ちょっと指先でこすったくらいで」といって、又彼の腹を指でこすりました。そしたら、痛い！ 痛い！ と言うんです。シャツをめくってみたら、私がこすった指跡に、まっ赤な色が現れていました。それから二、三日して、ガラス屋の主人の、胃がすっかり治ってしまったという感謝の報告に、二度びっくりしました。

痛い事もしていないのに痛いと言う、その瞬間体表にまっ赤な色が出てくる。見るからに痛々しい。しかし触っても風呂に入っても何ともないと言う。何より業捨後すぐに楽になると言う。全てが驚く事ばかりでした。

しかし、何故痛いのだろうか、赤い色は何なのだろうか、色々考えてみましたが、医学的知識の全くない私に分かろう筈がありませんでした。医学が駄目なら、後は宗教しかない、と考えるのは私にとって当然の道でした。子供のころ遊んだ弘法寺と弘法大師を思いだしました。そして、高校生の私の痔を治してくれた、あの老婆の声がよみがえりました。

「あなたは、弘法大師のお使いじゃ、どんな病気でも治せるようになる」という言葉です。そのとき、私は解ってきたのです。私の指先には空海の法力が宿っていて、この法力が業を体表に呼び集め、捨てるのだ……と。業が捨てられれば、病気が治るのは当然です。私は、即座にこの不思議な治療法を「業捨」と名づけました。七年前、昭和五十六年の秋でした。

業捨に於いて起こりうる全ての現象は、空海の現世利益に完全にマッチしているのに気づかされたのです。

＊＊＊＊＊

はっきりと、「昭和五十六年に『業捨』と名づけた」という記述があります。本書により、谷原先生がこの商標を始めに使われていることが明らかになっています。

また、昭和61年に出版された、『空海の法力で治す』でも、業を捨てるのが業捨であるということと、空海の法力について書かれています。

＊＊＊＊

「業捨」は技ではなく法力である

医師たちは、最近病気の原因の大部分は、ストレスだ、と言いはじめてきました。現代病を心と結びつけてきたわけで「業」の真実に近づいてはいるようです。

しかし、ストレスで病因の不明部分を補ったとしても、その先は真暗闇です。手のほどこしようがないのです。「業」が見えないからです。業は、ストレスとはちがうもっと人間の本源的な生きている形の垢のようなものです。そして人間が宇宙のリズムから外れた時に一層蓄積されるものです。もう少し具体的に言えば「貧《どん》、瞋《じん》、癡《ち》による生活態度の狂いと「身《しん》、口《く》、意《い》」の所業として、人が現世に受ける報いです。

生体は、こうした一つ一つの毎日の所業を報いとして刻んでいるのです。

病気を治すのは、この刻んだ「悪業」をからだの中から追い出せばよいのです。私はそれを「業捨」といいます。文字通り業をからだから捨てるのです。丁度伝染病のからだから細菌を追い出すことで病気を治したように、難病の因となっている「業」を追い出すのは「業捨」しかないのです。

だが、それは言うほど容易なことではありません。技で体得するものではないからです。しかし私は、「業捨」をいつかしら、身につけることができました。その大きな力とは、「空海（弘法大師）の法力」にちがいありません。

私のところに来る患者さんはお医者が多いのです、そのお医者さんが手に負えないといって、私のところに患者さんを差し向けてきます。私の力より弘法大師の力なのです。

＊＊＊＊

本書ももちろん、商標登録がされたずっと前に出されている本です。それに私も、その前から屋号を使っていますから。

私も、谷原先生の源流を残したいのです。途中で道が逸れることがあったとしても、中心線は留めておきたいと思っています。

保江　本当に、オリジナルを継承されているのは神原先生だけですからね。

神原　それと、谷原先生の『業捨　悪行を抜き病を治す』の「あとがき」にも、とても大切で素晴らしいことが書かれていますから、ご紹介しますね。

谷原先生のご著書はどれも絶版になっており、入手はとても困難ですから、今回の対談でもところどころ引用させていただいています。

＊＊＊＊

あとがき

自分の身体は自分の物のようであって、自分の物ではない、と考えるべきだと思います。

自分の身体というものは本当は天からの借りものであって、寿命が終わった時には、きれいにして返すのが礼というものです。他人から借りた物は、返すときはきれいにして返すのが常識というものです。しかし、人は借りたときの有り難さは直ぐに忘れ、掃除はおろか、傷つけたり、壊したり、ひどい人になると返さないこともあります。これは礼に反します。

私達の身体も同じことが言えます。寿命に逆らうことは出来ないにしても、できるだけ、きれいにして返すことは出来ます。それが、即ち業捨であります。借りたとき、つまり生まれた時のきれいな身体にして返すことにより、来世でまた、きれいな身体を借りることが出来るのです。悪業の汚れの付いたままの身体を返したら、今度、借りるときも、悪業のついたままの汚い身体を貸して貰うことになるかもしれません。もしかしたら、永遠に貸してくれないかもしれません。

貸借をいつも円滑に行うにはどうしたらいいか、考えてみましょう。まず、自分に信用がなかったら、相手は絶対に貸してはくれないでしょう。返すときは、いつも約束をまもり、きちんときれいにして返せば、信用がつき、次に借りたときは円滑に貸してもらえるでしょう。今、自分がここに在るということは、前世で信用があったからなのです。この信用が無くならないように努力しなければなりません。悪業に汚れたままの身体で死んだのでは天命をまっとうしたとはいえないでしょう。そのためにも、業捨をして、身体をいつもきれいにしておくことこそ、人の道といえるのではないでしょうか。それに、業捨をすれば身体ばかりではなく、心も清くなり、健康で楽しい生活をおくれるのです。

業捨を受けた人は空海と一体になるのです。それは同時に、本来のあなた自身にもどったことになるのです。二度と再び、悪業に迷わされることなく、空海とともに、一生を幸せに過ごすことが出来るのです。

地獄、極楽はあの世ではなく、この世にあるのです。業捨を受けた人は、この世の極楽に生まれ変わり、全てを空海にお任せして、生きて行ける有り難い信仰の倫なのです。

南無大師遍照金剛

＊＊＊＊

保江　自分の身体は天からの借りもの……、本当にそのとおりですね。
神原先生も、空海のお力添えもありますし、これからもますますご活躍されることを確信しています。

今日はとても熱い話ができて楽しかったです。
ありがとうございました。

神原　こちらこそ、谷原先生と業捨の素晴らしさを知っていただく一助になったら心から嬉しいです。
本当にありがとうございました。

あとがき

「業捨」は、師である谷原弘倫先生が、昭和56年に名付けた独自の施術です。

私は、24歳のときに「弟子にならんか」と言われて以来、会社勤めをしながら土日の休みの日を使ってたくさんの方に施術をさせていただき、26歳になって退職して、四国遍路をすることであらためて覚悟を決め、業捨を生業として今日に到りました。


当初、私には無理ではないのかと思いつつ、もしその力もなく、効果も出なければ勤め人に戻るだけだと、宣伝もせずにご紹介だけでやってきましたが、なんとか続けられています。

本業としてから20年が過ぎた頃、谷原先生が、

「この業《わざ》をワシだけで終わらせるのはもったいない」とおっしゃられていることを思い出し、私自身も、自分のところで終わらせたくないと思い始めました。

元来、私は、人前でのだいそれた発言や行動は苦手です。過去に何度か取材を受けても、騒ぎになると通われている方々の迷惑になるし、私自身、他人に評価や批判をされたくないとの思いがあり、あまり表に出ないようにしていました。

保江先生が来られるようになり、先生の本で紹介され、さらにYouTubeで発信されて、それまでにない数の電話が殺到するという恐れていた事態になりました。

それまで取材をされた方々には大きくは紹介しないでいただいていたのに申し訳なく思いますが、ここまで知られてしまったのなら業捨についての正しい情報を提供させていただいて後世に残したいとの思いが湧き、良いタイミングが来たと感じて本書の出版という形になりました。

以前から、「業捨の本が読みたい」とか、「本を出さないのですか？」とも尋ねられており、また、巷《ちまた》の情報にも誤りがあるので、本書では、その訂正や私の考察も合わせて保江先生と対談し、完全ではないですが、かなり深くまで話せたのではないかと思います。

また、興味を持たれた皆様にお願いがあります。私は、一人で施術していますので、電話をいただいてもすぐに予約を入れきることができません。お待ちいただくことも、最近増えています。

一度だけ体験したいなどという興味を持たれている方は、時がしばらく経ってからお願いできますととてもありがたいです。

緊急の方でも、お待ちいただくこともあるかと思いますが、どうかご理解をいただけますよう、お願い申し上げます。


もう一つ、業捨を後継したいとのお話もありますが、この場を借りて偉そうになってしまい恐縮ですけれども、条件をお知らせします。

「若者であること」と、「一生をかけてやっていく覚悟があること」です。

前者は、私が自信を持つまで20年ほどもかかってしまったためです。中年以降では、引退まで時間が長くないので難しいと思います。

「覚悟」についてですが、はじめ、私は弟子になることを拒否しました。私自身が業捨を受けていた当時、谷原先生に質問をしたことがあります。

「業捨を人に教えることはないのですか？」と。

そのときの答えは、

「ワシも何人か教えたのじゃが、できるようになると一年くらいで病気になったり、精神を病んでしまったりしたからやめたのじゃ」と答えられました。

この言葉を覚えていたので最初は断りましたが、父にも後押しされ、受け入れることにしたのです。

業捨の施術を後継することは、人生を左右させてしまうこともありうるので、お互いに覚悟が必要となります。

それと、谷原先生からいただいたお手紙にも、「一生をかけておやりなさい」と書かれていました（＊お手紙を参照ください）。

ですから、電話でいきなりの後継者希望などは受けられません。

長くなりましたが、本書をご一読いただきましたこと、心より感謝いたします。

神原徹成

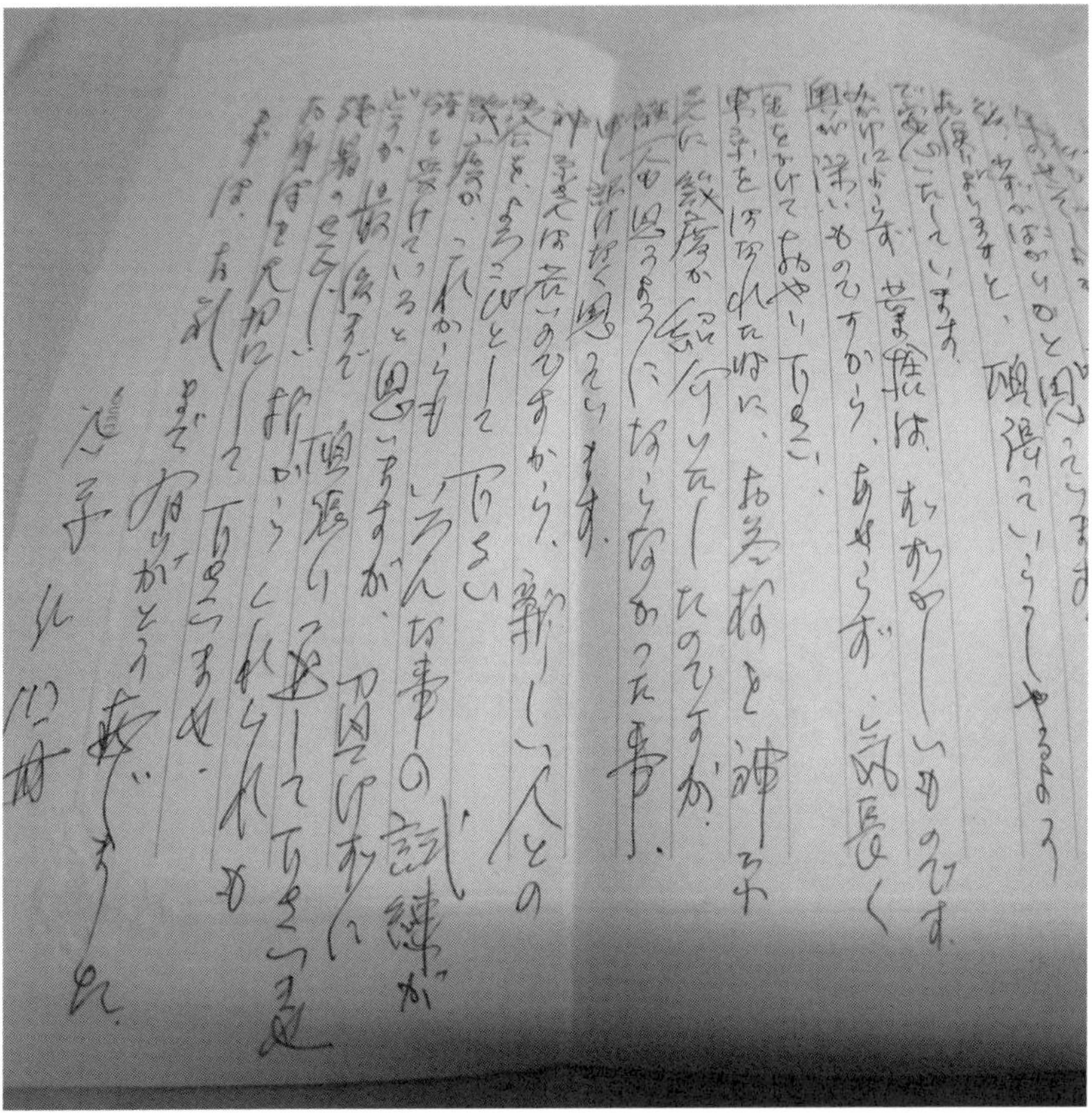
頑張っていらっしゃるようで
安心致しています。
業捨は、むずかしいものです。
奥が深いものですから、あせらず、気長く
時間をかけておやり下さい。
お客様を神さま
敬虔な気持ち
ならなかった事。
申し訳なく思っています。
新しい人との
出会いを、よろこびとして下さい
これからもいろんな事の試練が
待ち受けていると思いますが
最後まで頑張り通して下さい
お身体を大切にして下さいませ
まずは、お礼まで
ありがとうございました。

保江邦夫 プロフィール
Kunio Yasue

岡山県生まれ。理学博士。専門は理論物理学・量子力学・脳科学。ノートルダム清心女子大学名誉教授。湯川秀樹博士による素領域理論の継承者であり、量子脳理論の治部・保江アプローチ（英：Quantum Brain Dynamics）の開拓者。少林寺拳法武道専門学校元講師。冠光寺眞法・冠光寺流柔術創師・主宰。大東流合気武術宗範佐川幸義先生直門。特徴的な文体を持ち、80 冊以上の著書を上梓。

著書に『祈りが護る國　アラヒトガミの願いはひとつ』、『祈りが護る國　アラヒトガミの霊力をふたたび』、『人生がまるっと上手くいく英雄の法則』、『浅川嘉富・保江邦夫 令和弐年天命会談 金龍様最後の御神託と宇宙艦隊司令官アシュターの緊急指令』（浅川嘉富氏との共著）、『薬もサプリも、もう要らない！ 最強免疫力の愛情ホルモン「オキシトシン」は自分で増やせる!!』（高橋 徳氏との共著）、『胎内記憶と量子脳理論でわかった！『光のベール』をまとった天才児をつくる たった一つの美習慣』（池川 明氏との共著）、『完訳 カタカムナ』（天野成美著・保江邦夫監修）、『マジカルヒプノティスト スプーンはなぜ曲がるのか？』（Birdie 氏との共著）、『宇宙を味方につける こころの神秘と量子のちから』（はせくらみゆき氏との共著）、『ここまでわかった催眠の世界』（萩原優氏との共著）、『神さまにゾッコン愛される　夢中人の教え』（山崎拓巳氏との共著）、『歓びの今を生きる 医学、物理学、霊学から観た 魂の来しかた行くすえ』（矢作直樹氏、はせくらみゆき氏との共著）、『人間と「空間」をつなぐ透明ないのち　人生を自在にあやつれる唯心論物理学入門』『こんなにもあった!医師が本音で探したがん治療　末期がんから生還した物理学者に聞くサバイバルの秘訣』『令和のエイリアン　公共電波に載せられない UFO・宇宙人ディスクロージャー』（高野誠鮮氏との共著）（すべて明窓出版）、『東京に北斗七星の結界を張らせていただきました』（青林堂）など、多数。

神原徹成 プロフィール
Tetsunari Kamihara

1971 年生まれ。

21 歳に怪我をして業捨を受ける。

24 歳のときに業捨の創始者、谷原弘倫先生に「弟子にならんか」といわれ、研鑽して、

26 歳から今日まで業捨を続けている。

業捨《ごうしゃ》は空海《くうかい》の癒《い》やし

法力《ほうりき》による奇跡《きせき》の治癒《ちゆ》

保江《やすえ》 邦夫《くにお》　神原《かみはら》 徹成《てつなり》

明窓出版

令和五年一月十日　初刷発行

発行者――麻生 真澄
発行所――明窓出版株式会社
〒一六四―〇〇一二
東京都中野区本町六―二七―一三
電話　（〇三）三三八〇―八三〇三
FAX（〇三）三三八〇―六四二四

印刷所――中央精版印刷株式会社

ISBN978-4-89634-455-4